COURSE AU CLOCHER.

Imprimerie de Mme Ve Dondey-Dupré,
Rue Saint-Louis, 46, au Marais.

LA COURSE AU CLOCHER,

COMÉDIE EN TROIS ACTES, EN VERS,

PAR

M. FÉLIX ARVERS,

REPRÉSENTÉE POUR LA PREMIÈRE FOIS, SUR LE THÉATRE-FRANÇAIS, LE VENDREDI 8 MARS 1839.

PRIX : 2 FR. 50 C.

PARIS.

CHEZ BEZOU, LIBRAIRE-ÉDITEUR,

BOULEVART SAINT-MARTIN, 29.

—

1839

PERSONNAGES.   *ACTEURS.*

DE VILLIERS....................... M. Samson.

GABRIEL, avocat..... .... M. Maillart.

AGÉNOR DESVERGERS............. M. L. Monrose.

OLIVIER DE SAINT-PAUL, officier du
génie........................... M. Mirecour.

Mme DE CHAUNY, veuve................. Mlle Plessy.

ZOÉ, sa femme de chambre........... { Mlle Crecy.
 { Mlle J. Weiss.

JOSEPH, domestique de M. de Villiers... M. Alexandre.

*La scène est à Paris, au premier et au troisième acte, chez
Mme de Chauny; au second acte, chez M. de Villiers.*

LA
COURSE AU CLOCHER,

COMÉDIE EN VERS.

ACTE PREMIER

Un salon. Au fond, une porte qui communique avec l'extérieur. A gauche du spectateur, une porte conduisant à un cabinet. A droite, la porte de l'appartement de Mme de Chauny. A droite, au premier plan, une toilette.

SCÈNE PREMIÈRE.

DE VILLIERS, ZOÉ.

DE VILLIERS, *entrant par le fond.*
Mon enfant, peut-on voir madame de Chauny?
ZOÉ.
Elle n'est pas rentrée encore.
DE VILLIERS, *de mauvaise humeur.*
C'est fini!
Quand le malheur s'y met!... Moi qui venais lui rendre
Réponse!...
ZOÉ.
Dans ce cas, si monsieur voulait prendre
Un siége en l'attendant...
Elle désigne la porte à gauche.
ou bien entrer ici;
Il aura les journaux à lire.

DE VILLIERS.
Soit!

A Zoé qui le conduit.

Merci.

Il entre dans le cabinet, à gauche.

SCENE II.

ZOÉ, GABRIEL.

ZOÉ.

Maintenant rangeons tout ; la besogne me presse,
Et je dois...

Apercevant Gabriel qui entre par le fond.

Ah ! monsieur Gabriel !

GABRIEL.

Ta maîtresse
Est dehors, m'a-t-on dit ; pour plus de sûreté,
Je suis monté moi-même.

ZOÉ, *avec reproche.*

Ah ! vous n'êtes monté,
Monsieur, que pour cela ?

GABRIEL.

J'oubliais ; mais pardonne...

ZOÉ.

Ce n'est pas d'aujourd'hui... je ne sais qui vous donne,
Depuis un temps surtout, de ces distractions.

GABRIEL, *avec embarras.*

Mon Dieu, mille soucis... des occupations...

ZOÉ.

C'est ma faute après tout, et c'est une folie
Chez une pauvre fille, un peu jeune et jolie,
De trop prêter l'oreille aux propos doucereux
D'un beau jeune homme riche et qui fait l'amoureux.
Vous êtes avocat, et d'un monde où l'on traite
Tout-à-fait sans façon les amours de soubrette ;
Vous aspirez plus haut ; mais, pour vous exercer,
En bas, par l'antichambre, il fallait commencer,
Et, pour plaider ailleurs avec plus d'avantage,
Monsieur auprès de moi venait faire son stage ;

Ah ! j'ai bien du malheur, et pour un que j'aimais...
GABRIEL.
Zoé, reviens à toi ! Moi, t'oublier jamais !
Mais il faut se ranger ; avec mon caractère,
Un mariage seul...
ZOÉ.
Voilà donc ce mystère !
C'est pour vous marier...
GABRIEL.
Je ne m'en cache point,
Et tu n'as jamais dû t'abuser sur ce point.
Tu sais bien que le monde et sa règle inflexible
Ont fait le mariage entre nous impossible.
ZOÉ.
Je ne le sais que trop.
GABRIEL.
Si, d'un autre côté,
Quelque bruit transpirait de notre intimité,
Ta maîtresse, à coup sûr, te mettrait à la porte.
Pour toi comme pour moi, tu vois donc qu'il importe,
Ma petite Zoé, de cacher un secret
Qui te ferait chasser et me compromettrait ;
Et, si tu ne dis rien, je veux pour récompense...
ZOÉ, d'un ton de reproche.
Ah ! monsieur...
GABRIEL.
Tu ne peux trouver mauvais, je pense,
Ayant fait tant pour moi, que j'aie aussi mon tour.
J'exige cependant un service en retour :
Tu dois avoir de moi des lettres ?
ZOÉ.
Oui, sans doute.
GABRIEL.
Et beaucoup ! j'écrivais, Dieu sait !... or, je redoute
Les preuves par écrit. Rends-les-moi.
ZOÉ.
Vous voulez...
GABRIEL.
Mesure de prudence : à moins d'être brûlés,
Ces sortes de papiers... enfin, c'est nécessaire.

ZOÉ, *avec un soupir.*
Eh bien! voici la clef du coffre où je les serre;
Je les rassemblerai tantôt; mais je voudrais
Les relire une fois...

GABRIEL.
Et les brûler après?
ZOÉ, *se résignant.*
Je vous le promets.

GABRIEL.
Bien; de plus, qu'il t'en souvienne,
Tu me jures ici, Zoé, quoi qu'il advienne,
En aucun cas, et soit qu'on te menace ou non,
De ne jamais livrer le secret de mon nom?
ZOÉ.
Je le jure!

GABRIEL.
Très-bien, le reste me regarde,
Et ce que je t'ai dit...
ZOÉ.
Encore!
GABRIEL.
On vient; prends garde.

SCENE III.

GABRIEL, AGÉNOR, OLIVIER, ZOÉ.

Olivier et Agénor entrent par le fond.

GABRIEL, *les apercevant.*
Olivier! Agénor!
ZOÉ.
Madame n'est pas là.
N'a-t-on pas dit en bas...?
OLIVIER.
Rien; mais parbleu, voilà
Ce cher Gabriel!
ZOÉ.
Ah! ces messieurs se connaissent?
AGÉNOR.
Depuis peu; mais il est des amitiés qui naissent,

Et grandissent si vite ! et la nôtre, je crois,
Peut...

GABRIEL, *confus.*

Messieurs, c'en est trop !

OLIVIER.

Nous avons tous les trois
Vu, cet hiver, la carre au bal hebdomadaire
Que donnait le dimanche un vieux référendaire,
Et l'on peut dire ici qu'à cet amour si beau
La table de bouillote a prêté son flambeau.

GABRIEL.

Le jeu vous met si bien à l'aise !

AGÉNOR.

Oui, quand on gagne
Surtout.

GABRIEL.

Je vous croyais au fond de la Champagne,
Olivier ; on parlait d'un établissement,
Canal, chemin de fer, je ne sais.

OLIVIER.

Justement.

GABRIEL.

Vous êtes riche ; en outre, officier du génie,
Cela vous convenait.

OLIVIER.

L'affaire était finie
A peu près, quand ils ont mis des conditions,
Entre autres, de leur prendre, au pair, cent actions ;
Ma foi, j'ai reculé : la vapeur va si vite !

AGÉNOR.

Sans compter qu'elle éclate.

OLIVIER.

Est-ce qu'on nous évite ?
Et ce retard si long...

ZOÉ.

Messieurs, dans un instant
Madame va rentrer : elle sait qu'on l'attend.

GABRIEL.

Qui ?

ZOÉ.

Monsieur de Villiers : il est là.

Elle désigne la gauche.

Je m'arrête

A causer avec vous, la chambre n'est pas prête,
Et l'on me gronderait... je vous laisse.

Elle sort par la droite.

AGÉNOR, *cherchant.*

Villiers!...

OLIVIER, *de même.*

C'est sans doute quelqu'un de nos beaux cavaliers ?

GABRIEL.

Pas du tout; et pour peu que sa biographie
Puisse vous amuser, je vous en gratifie.

AGÉNOR.

Au fait, en attendant qu'on rentre, c'est charmant.

GABRIEL.

Je commence d'abord par le signalement :
Age, quarante-huit ans; dix mille francs de rente;
Menton rond, nez moyen; figure indifférente;
Cheveux gris, ton poli, geste maniéré;
Signes particuliers : il n'est pas décoré.
Voilà pour le physique. Au moral, c'est l'Empire,
L'Empire tout vivant, qui marche et qui respire,
Débris le plus complet qui soit encor resté
De cet âge de gloire... et de frivolité.
Près des femmes surtout, c'est là qu'il faut l'entendre
Étaler un jargon prétentieux et tendre
A faire, dès l'abord, déserter l'entretien,
Si l'interlocuteur ne servait de maintien;
Car c'est un homme utile; à lui sont réservées
Ces démarches sans fin et ces mille corvées
Qu'une femme a toujours le secret désolant
D'infliger à tout homme un tant soit peu galant;
Il est le factotum, il a le privilége
D'aller chercher l'enfant le dimanche au collége,
Règle les grands dìners, achète le dessert,
Et place les billets de bal ou de concert.

C'est ce que nous nommons enfin une momie ;
Fossile, à pendre aux murs dans une académie...

OLIVIER, *riant.*

Vos portraits...

GABRIEL, *apercevant de Villiers qui entre par la gauche.*
Taisez-vous, voici l'original.

SCÈNE IV.

LES MÊMES, DE VILLIERS, *un journal à la main.*

DE VILLIERS, *à part.*

Moi, qui pour m'égayer avais pris ce journal,
J'ai bien réussi ! mais à travers cette porte,

Il aperçoit les jeunes gens et les salue.

J'avais cru... Justement, messieurs...

GABRIEL, *s'avançant.*
Comment se porte
Monsieur de Villiers ?

DE VILLIERS.
Bien, merci.

GABRIEL, *prenant Agénor et Olivier par la main.*
Mes deux amis !
De vous les présenter me sera-t-il permis ?
Olivier de saint Paul... un brave militaire ;
Agénor Desvergers, jeune propriétaire.

DE VILLIERS.
Je sais que ces messieurs viennent souvent ici,
Et qu'on en fait grand cas.

GABRIEL, *un peu railleur.*
Parbleu, je viens aussi
De leur parler de vous, et je crois impossible
De dire plus de bien...

DE VILLIERS.
Messieurs, je suis sensible...

AGÉNOR, *riant, à part.*
Il prend au sérieux... c'est très-drôle, ma foi !

OLIVIER, *de même.*
Bonne tête.

DE VILLIERS, *de même.*
On dirait qu'ils se moquent de moi.

* De Villiers, Gabriel, Agénor, Olivier.

GABRIEL, *désignant le journal que tient de Villiers.*
Quoi de neuf aujourd'hui?

DE VILLIERS.
Tout va de mal en pire!
On n'y conçoit plus rien.

GABRIEL.
Ah! dame! sous l'Empire
Les affaires, dit-on, marchaient d'un autre pas.

OLIVIER.
Car on sait votre amour...

DE VILLIERS.
Je ne m'en cache pas;
J'admire cette époque et cette intelligence...

GABRIEL.
Mais vous avez pour nous, dit-on, peu d'indulgence.

DE VILLIERS.
Moi? J'aime la jeunesse : à celle d'à-présent
J'ai pu trouver parfois (quel âge en est exempt!)
Certains petits travers...

GABRIEL.
Raillez-nous; à votre aise!

DE VILLIERS.
Messieurs, je suis bien loin...

AGÉNOR.
C'est qu'en mil huit cent treize
Vous étiez des gaillards!

DE VILLIERS.
Vous dites?

OLIVIER.
Nous disons
Que pour aimer ce temps vous avez vos raisons;
Il vous en reste encor...

DE VILLIERS.
Quoi?

OLIVIER.
La soif des conquêtes,
L'habitude de vaincre et de tourner les têtes.

GABRIEL.
Et, sans aller si loin, ici, pour commencer,
Vos assiduités donneraient à penser.

DE VILLIERS.

Comment l'entendez-vous?

GABRIEL.

Vous convoitez la veuve,
Allons, convenez-en.

DE VILLIERS.

Mais enfin quelle preuve?

GABRIEL.

On vous connaît si bien! Soyez franc : ses appas...

DE VILLIERS.

D'abord, si c'était vrai, je ne le dirais pas.

GABRIEL.

Vous venez tous les jours.

DE VILLIERS.

Je n'en fais pas mystère :
J'y suis bien obligé, comme son mandataire
Et pour elle chargé d'affaires d'intérêt.

GABRIEL.

Il n'en conviendra pas. Au fait, c'est son secret.

AGÉNOR.

De la discrétion! très-bien, allez, courage !

DE VILLIERS.

C'est la seule vertu qui nous reste à notre âge.
Au surplus, et sans faire ici votre procès,
Je vous dirai qu'en fait de semblables succès,
Nous autres pauvres vieux, dont on aime à médire,
Il nous arrive encor d'en avoir... sans les dire;
Tandis que vous, messieurs, si beaux, si bien gantés,
Vous en dites parfois, que...

GABRIEL.

Monsieur, arrêtez !
Voici qui n'est pas bien : vous n'y prenez pas garde;
Vous raillez la jeunesse, et cela nous regarde.

AGÉNOR.

Nous sommes gracieux avec vous; mais, ma foi,
Si vous en abusez, tant pis!

DE VILLIERS.

Messieurs, en quoi
Puis-je...?

GABRIEL.

Vous n'avez pas, sans doute, l'espérance
D'engager une lutte avec la jeune France?

OLIVIER.

Entre nous, ce serait de la témérité;
Et vous ne seriez pas de force.

DE VILLIERS.

En vérité!

GABRIEL.

Les gens de votre temps sont d'une autre nature;
Rococo!

OLIVIER.

Pompadour!

AGÉNOR.

Cours de littérature
De Laharpe.

DE VILLIERS, *stupéfait.*

Comment!

GABRIEL.

Et, quand nous le voudrons,
Nous les joûrons sous jambe.

DE VILLIERS, *d'un air d'incrédulité.*

Oh!

AGÉNOR.

Nous nous génerons,
Peut-être! Allez, allez, nous ne vous craignons guère!

DE VILLIERS.

Voyons; décidément, est-ce que c'est la guerre?

GABRIEL.

Tout comme vous voudrez!

DE VILLIERS.

C'est un point résolu?
Vous êtes tous témoins que vous l'avez voulu;
Car je vous avertis qu'une fois déclarée

AGÉNOR, *à part.*

Il est étourdissant.

SCENE V.

Les Mêmes, ZOÉ, *arrivant par la droite*[*].

ZOÉ.

Ma maîtresse est rentrée,
Mais...

GABRIEL.

Eh bien! qu'est-ce encor? n'allons-nous pas la voir?

ZOÉ.

Elle est indisposée et ne peut recevoir.
Cette privation...

OLIVIER.

Elle est la moins privée.

ZOÉ, *désignant de Villiers.*

Pour monsieur seulement la consigne est levée.

GABRIEL.

Comment? pour monsieur seul! et ce bonheur si grand...

DE VILLIERS.

Vous vous regardez tous, et cela vous surprend!
Et la démarche au fond vous semble assez hardie
Qu'on me reçoive seul, quand on vous congédie.
Vous le voyez! premier avantage que j'ai.

Souriant.

Dam! le cœur avec vous est si vite engagé
Qu'on regarde à deux fois avant de se commettre.
Mais un vieux comme moi ne saurait compromettre.

ZOÉ.

Monsieur ne dit pas tout : il faut savoir aussi
Qu'on le tient, à bon droit, en haute estime ici.
Son amitié, son zèle et son expérience
Ont su lui mériter toute la confiance ;
C'est lui seul que madame écoute, et ses avis
En toute occasion par elle sont suivis ;
Et, quoique à rester veuve elle soit décidée,
Elle m'a dit vingt fois que, si jamais l'idée
Lui venait d'essayer encor d'un autre hymen,
Elle n'accepterait d'époux que de sa main.

Les trois jeunes gens font un mouvement.

[*] De Villiers, Zoé, Gabriel, Agénor, Olivier.

OLIVIER, *passant près de M. de Villiers*.

Monsieur, nous vous quittons la place : allons, qui m'aime
Me suive !

GABRIEL.

Pour moi, j'ai, dans cette maison même,
Une personne à voir, un avoué.

OLIVIER.

J'entends,
Des causes qu'il promet...

GABRIEL.

Et depuis fort long-temps.

OLIVIER.

Venez-vous, Agénor ?

AGÉNOR.

Moi ! je voudrais écrire.

ZOÉ.

A madame ?

AGÉNOR.

J'aurais quelque chose à lui dire.

ZOÉ, *désignant le cabinet à gauche*.

Entrez là.

AGÉNOR, *passant à son tour près de M. de Villiers*.

Jouissez de tout votre bonheur !
J'ai bien l'honneur, monsieur...

DE VILLIERS, *s'inclinant*.

Monsieur, j'ai bien l'honneur...

OLIVIER, *au fond, à demi-voix*.

Il est fort amusant.

AGÉNOR, *de même*.

C'est un vrai phénomène.

GABRIEL, *de même*.

Une variété de la famille humaine.

ZOÉ, *à de Villiers*.

Restez ; je vais chercher madame.

*Gabriel et Olivier sortent par le fond ; Agénor par la gauche, Zoé par
la droite.*

* De Villiers, Olivier, Zoé, Gabriel, Agénor.

SCENE VI.

DE VILLIERS, *puis* **Mme DE CHAUNY.**

DE VILLIERS, *seul.*

Dieu merci,
Je suis seul ! Ah ! messieurs, cela vous plaît ainsi !
Soit : votre persifflage aura sa récompense.
Ah ! vous voulez la guerre !...Et pourtant, quand j'y pense,
Eux qui riaient de moi, n'avaient-ils pas raison ?
Car enfin, que viens-tu faire en cette maison,
Pauvre homme en cheveux gris, et que, dans leur passage,
Les ans ont fait plus vieux et n'ont pas fait plus sage ?
Oui, je suis amoureux ; oui, c'est la vérité !
Contre ce fol amour vainement j'ai lutté.
Sur cette passion que je devais maudire
Je me suis dit cent fois tout ce qu'on peut se dire,
Trop heureux d'avoir pu jusqu'ici concentrer
Ce secret d'un amour qu'elle doit ignorer !
Mais pour rester près d'elle, et sans que ma présence
Éveillât des jaloux l'active médisance,
Je me suis fait ici comme son intendant,
Son commis, son chargé d'affaires... Imprudent !
Qui, dans ces froids calculs, dans ces travaux arides
Sens bouillonner ce feu qui couve sous mes rides,
Et tremble qu'un regard, indiscret à demi,
Ne lui montre l'amant mal caché par l'ami !
Je l'entends... reprenons mon triste personnage,
Rendons à mon amour le masque de mon âge ;
Puisqu'il le faut, parlons affaires.

Mme DE CHAUNY, *entrant par la droite.*

Pardonnez,
Je me suis fait attendre ?

DE VILLIERS, *souriant.*

Un peu.

Mme DE CHAUNY.

Mais devinez
D'où je viens.

DE VILLIERS.

Oh ! pour moi, s'il faut que je devine...

Mme DE CHAUNY.

Une fête superbe, adorable, divine !

2

Je viens de voir, avec mon oncle de Chauny,
Le fameux *Steeple-Chasse*, à la croix de Berny.
DE VILLIERS.

Vous dites ?
Mme DE CHAUNY.

    Steeple-Chasse.
DE VILLIERS.

             Oui; mais, ne vous déplaise,
Je ne saisis pas bien.
Mme DE CHAUNY.

       Locution anglaise :
C'est, si vous l'aimez mieux, une *Course au Clocher ;*
Plaisir dont je suis folle, à ne vous rien cacher.
DE VILLIERS.

Je sais, c'est une mode.
Mme DE CHAUNY.

      Une mode ? une fièvre !
Qui pousse bruyamment sur les bords de la Bièvre
Tout ce que le Paris du boulevart de Gand
A de plus merveilleux et de plus élégant ;
Étourdissant chaos, centre où sont attirées
Toutes les sommités ou riches ou titrées...
DE VILLIERS.

Et la course?
Mme DE CHAUNY.

    Ah! mon cher, imaginez Paris
Avec tous ses coupés et tous ses tilburys,
Et l'œil ne découvrant, jusque sur les collines,
Qu'un horizon sans fin de brillantes berlines...
Je ne vous parle pas des toilettes ; vraiment,
Vous m'en voyez encor dans le ravissement !
DE VILLIERS.

Et la course?
Mme DE CHAUNY.

    Ah! la course... ? elle était commencée
Quand nous sommes venus; j'étais fort mal placée,
Je n'ai pas vu grand' chose.
DE VILLIERS.

      Ah! très-bien!
Mme DE CHAUNY.

               Seulement

Tout ce que j'en ai su, c'est que c'était charmant.
— Mais je cause, je suis étourdie et rieuse,
Il s'agit d'une affaire un peu plus sérieuse ;
Vous venez des bureaux ; qu'avez-vous fait par là ?
Quelle nouvelle ?

DE VILLIERS.

Hélas !

Mme DE CHAUNY.

Vous me dites cela
D'un air...

DE VILLIERS.

C'est que depuis hier, dans la soirée ,
L'affaire, par malheur, est fort aventurée.

Mme DE CHAUNY.

Que s'est-il donc passé depuis hier ? je crois
Que cette nuit n'a dû rien changer à mes droits ;
Je demande à l'État le prix de fournitures
Faites par mon aïeul ; toutes les écritures
Sont là : vous m'avez dit, vous, monsieur de Villiers...

DE VILLIERS.

Vos titres cependant ne sont pas réguliers ;
Un décret a fixé la forme et la durée
De ces actions-là ; l'époque est expirée,
Vous avez trop tardé ; si bien, en résultat,
Que la prescription est acquise à l'État.
Ajoutez qu'il s'agit d'une fortune entière,
Huit cent mille francs ! or, en pareille matière,
Le roi, par ordonnance, est le seul qui pourrait
Faire fléchir pour vous la rigueur du décret.

Mme DE CHAUNY.

Je le sais ; mais j'avais , disiez-vous, l'assurance...

DE VILLIERS.

Le ministre m'avait donné cette espérance ;

Montrant un dossier qu'il a dans sa poche.

Et même le travail était tout rédigé ,
Lorsque, juste au moment...

Mme DE CHAUNY, *vivement.*

Son avis a changé ?

DE VILLIERS.

Son avis, jugez mieux ce noble caractère,
N'est pas changé ; mais...

Mme DE CHAUNY.

Quoi ?

DE VILLIERS.

Mais c'est le ministère.

Vous n'avez donc pas lu les journaux ce matin ?
Hier à la chambre, après un revers de scrutin,
Ils sont, dans la douleur qu'ils en ont ressentie...

Mme DE CHAUNY.

Pour un coup malheureux déserter la partie !
Renoncer au pouvoir! et mettre à chaque pas...

DE VILLIERS, *souriant.*

Permettez... on le quitte, on n'y renonce pas.

Mme DE CHAUNY.

Pour ma part, ces malheurs qui frappent le vulgaire
Me laissent assez froide et ne me touchent guère.
Sans doute, c'est fâcheux; mais, d'un autre côté,
Jamais sur le succès je n'avais trop compté.

DE VILLIERS.

Quand nous touchions au port, aller faire naufrage !

Mme DE CHAUNY.

Faut-il donc vous donner l'exemple du courage ?
Sera-ce de nous deux, vous le moins affermi ?
— C'est que vous êtes, vous, mon véritable ami !

DE VILLIERS.

Madame !...

Mme DE CHAUNY.

Amitié pure et désintéressée !
Car, pour vous dire ici le fond de ma pensée,
Ce qui vous a servi le mieux, sans contredit,
C'est que, depuis deux ans, vous ne m'avez pas dit
Un mot d'amour, un seul, pour personne...

DE VILLIERS.

Madame,

C'est cela ?...

Mme DE CHAUNY.

Vous avez fort bien fait, sur mon ame.
J'en ai tant à subir de ces fades propos !
Auprès de vous, du moins, je prends quelque repos.

DE VILLIERS, *entraîné.*

Et si cette amitié, je l'avais usurpée !

Oui ! si depuis deux ans je vous avais trompée !

Mme DE CHAUNY, étonnée.

Quoi !

DE VILLIERS.

Si depuis deux ans quelqu'un m'avait chargé
De vous dire un amour...

Mme DE CHAUNY, l'interrompant.

A votre protégé,
Si ce discours n'est pas une plaisanterie...

DE VILLIERS.

Je ne plaisante pas, croyez-le, je vous prie,

Mme DE CHAUNY.

Eh bien, à ce monsieur, puisqu'il en est ainsi,
Je vous chargerais, moi, de répondre ceci :
Je ne veux point d'époux, dût le monde médire,
Cela pour trois raisons, que je m'en vais vous dire :
Je suis pauvre, et l'espoir qui pouvait me rester,
L'événement d'hier est venu me l'ôter ;
Et pour moi ce serait une idée importune
D'accepter d'un époux sa main et sa fortune :
Je veux l'égalité.

DE VILLIERS.

J'entends.

Mme DE CHAUNY.

Autre embarras ;
Mon époux en mourant m'a laissé sur les bras
Des parens... trois neveux sans emploi, que je loge
Et nourris...

DE VILLIERS.

Je le sais, cela fait votre éloge ;
C'est marque d'un bon cœur.

Mme DE CHAUNY.

Et vous savez qu'aussi
Mes soins pour les placer n'ont jamais réussi.

DE VILLIERS.

Qui sait ? d'un jour à l'autre... un peu de patience.

Mme DE CHAUNY.

Jusque là, je me fais un cas de conscience
D'offrir à mon époux cet étrange cadeau,
Et d'apporter en dot un si pesant fardeau.
Enfin, dût mon humeur vous paraître sauvage,

Je me trouve, entre nous, assez bien du veuvage.
Vous-même, à chaque bruit d'un nouveau prétendant,
M'encouragiez toujours dans ce dessein prudent,
Et tant que sur ce point...

DE VILLIERS.

Soit dit sans épigramme,
C'est là le prospectus, et comme le programme
Des trois conditions que devra réunir
L'homme amoureux de vous qui veut vous obtenir?

Mme DE CHAUNY, *souriant*.

Précisément. Ainsi revoyez ce brave homme,
Qu'il le sache.

DE VILLIERS.

Il le sait... ou du moins c'est tout comme.

Mme DE CHAUNY.

Eh bien! qu'avez-vous donc? et cet air affligé...
Est-ce encor, par hasard, ce cabinet changé?
Pour moi, quand une fois la chose est décidée,
Je prends mon parti.

DE VILLIERS.

Mais...

Mme DE CHAUNY.

Ah! tenez, une idée!
Je suis seule aujourd'hui, restez à la maison,
Nous dînerons tous deux: c'est dit... pas de raison,
Je le veux.

DE VILLIERS.

Eh bien! soit.

Mme DE CHAUNY.

Tant de peine perdue!
C'est une indemnité qui vous est au moins due
Pour tant de complaisance et de soins obligeans!
Restez, je vais donner mes ordres...

Souriant.

A mes gens.

Elle sort par le fond en lui faisant un signe amical.

SCENE VII.

DE VILLIERS, *puis* OLIVIER.

DE VILLIERS *seul, la regardant sortir.*

Quelle femme! ah! faut-il arrêter ma pensée

Sur la triple barrière entre elle et moi placée!

Regardant à sa montre.

Mais il est de bonne heure, et l'on dîne très-tard.
Dans mon empressement d'accourir sans retard,
Je n'ai rien pris encor de toute la journée.
Une ame de vingt ans, vive et passionnée,
Toute entière à l'amour, ne comprend pas cela,
Et ne s'occupe point de ces misères-là...
Autre temps, autres mœurs. L'estomac, à mon âge,
Est un tyran jaloux, qui veut qu'on le ménage,
Je dis qu'on le doit même, et que l'amour enfin,
A partir de trente ans, a le droit d'avoir faim.
Je vais déjeuner.

Au moment où il va sortir, Olivier paraît au fond et l'arrête.

OLIVIER*.

Ah! monsieur, je vous retrouve!
Vous n'imaginez pas quel plaisir j'en éprouve.
Monsieur, vous m'avez l'air d'un brave homme, et j'ai mis
En vous l'espoir...

DE VILLIERS, *l'interrompant.*

Pardon. Nous étions ennemis,
Je croyais...

OLIVIER.

Vous pensez à cette raillerie?

DE VILLIERS.

C'était...?

OLIVIER.

Tout simplement une plaisanterie.

DE VILLIERS.

A la bonne heure.

OLIVIER.

Mais vous sortiez?

DE VILLIERS.

En effet;
Une affaire pressante...

OLIVIER.

Alors je vais au fait:
Monsieur, les braves gens sont faits pour se comprendre.

DE VILLIERS, *avec impatience.*

Monsieur!...

* Olivier, de Villiers.

OLIVIER.
Il s'agirait d'un service à me rendre.
DE VILLIERS, *se dirigeant vers la porte.*
Dans tout autre moment...
OLIVIER, *le retenant.*
Deux mots, et j'ai fini.
J'aime...
DE VILLIERS, *de même.*
Tant mieux pour vous.
OLIVIER, *continuant.*
Madame de Chauny.
DE VILLIERS, *s'arrêtant tout court.*
Vous avez dit?...
OLIVIER.
Je dis, monsieur, que j'en raffolle !
DE VILLIERS.
Cet amour est ancien?
OLIVIER.
Il m'a pris à l'École
Polytechnique.
DE VILLIERS.
Diable !
OLIVIER.
Oui, mon cher de Villiers,
Voilà plus de six mois !
DE VILLIERS, *à part.*
Ah ! si les écoliers
Se viennent à présent mêler de la partie !...
Haut.
Vrai? vous l'aimiez là-bas?
OLIVIER.
Oui, les jours de sortie,
Dimanche et mercredi.
DE VILLIERS.
Mais, avec tout cela,
Je ne vois pas en quoi je pourrais...
OLIVIER.
M'y voilà.
Ma flamme jusqu'ici fut cachée et discrète ;
Si j'osais vous prier d'être mon interprète ?...
DE VILLIERS.
Qui? moi !... je suis flatté, monsieur, sans contredit ;

Mais vous présumez trop de mon faible crédit.

OLIVIER.

Non pas; nous savons tous combien l'on vous écoute,
Et, présenté par vous...

DE VILLIERS.

Monsieur, quoiqu'il m'en coûte,

Je ne puis...

OLIVIER.

Auriez-vous, pour refuser ainsi,
Peur de vous compromettre en m'appuyant ici?
Rassurez-vous, monsieur, je suis riche : mon père
Est chef d'une maison florissante et prospère
Auprès de Saint-Étienne, et j'ai même promis
D'expédier là-bas quelques nouveaux commis.

DE VILLIERS.

Plaît-il?

OLIVIER.

J'ai convoqué chez moi, par circulaires,
Tous les gens sans emploi...

DE VILLIERS, *à part.*

Juste ciel, tu m'éclaires!

Haut.

Jeune homme, votre amour me touche.

OLIVIER.

Il se pourrait!

Monsieur, vous daigneriez...

DE VILLIERS.

Mais, dans votre intérêt,
Je vous dirai d'abord le secret d'une affaire
Qui vous servira mieux que je ne pourrais faire.
Vous saurez que personne encor n'a réussi
A placer trois neveux que nous avons ici;
Mais vienne un bon emploi qui nous en débarrasse,
Vous comprenez, alors...

OLIVIER.

Que dites-vous? de grâce!
C'est comme un fait exprès, comme un coup du destin!

DE VILLIERS.

Quoi donc?

OLIVIER.

Les trois derniers ont signé ce matin.
Ils s'embarquent ce soir.

DE VILLIERS.

Fâcheuse circonstance ;
Car vous aurez à vaincre un peu de résistance,
Et ce service au moins était une raison
A pouvoir de plain-pied entrer dans la maison.

OLIVIER.

A moins... cette entreprise... oui, qu'on m'a proposée.

DE VILLIERS.

Ah ! l'on vous proposait...

OLIVIER.

Et que j'ai refusée,
Je vous expliquerai... mais ce n'est pas l'instant;
Peut-être il en est temps encore, en se hâtant :
C'est un peu cher; mais, quoi! l'affaire est sûre, en somme,
L'usine marche bien , et moyennant ma somme,
Je stipule le droit d'y placer qui je veux,
C'est bien le moins, et case ainsi nos trois neveux.

DE VILLIERS.

Bien !

OLIVIER.

Je compte toujours sur votre patronage;
Quoi que vous en disiez, je sais qu'on vous ménage,
Et veux que vous soyez le premier à savoir
L'issue...

DE VILLIERS.

A la bonne heure.

OLIVIER.

Où pourrai-je vous voir ?

DE VILLIERS, *lui donnant sa carte.*

Chez moi.

OLIVIER.

Très-bien, monsieur...

Il le salue affectueusement.

DE VILLIERS, *le saluant.*

Monsieur...

Olivier sort par le fond.

SCENE VIII.

DE VILLIERS, AGÉNOR.

DE VILLIERS.

Parbleu, l'idée
Est bonne, et le hasard l'a fort bien secondée.

AGÉNOR, *arrivant par la gauche, une lettre à la main ;*
à part.

Cette lettre est fort bien : je crois qu'en la lisant
Madame de Chauny...

DE VILLIERS, *sans voir Agénor.*

Déjeunons à présent.

Il met ses gants.

AGÉNOR, *à part.*

Mais, tout en écrivant, j'ai cru là tout-à-l'heure
Entrevoir une idée infiniment meilleure.
Cet excellent monsieur, si par lui... je m'entends ;
On dit qu'il fait ici la pluie et le beau temps :
Justement le voilà !

Haut.

Monsieur...

DE VILLIERS.

Hein ! qui m'arrête * ?

AGÉNOR.

De grâce, un mot.

DE VILLIERS.

Je n'ai pas le temps.

AGÉNOR.

Je regrette
Bien vivement, monsieur, de vous importuner,
C'est que...

DE VILLIERS.

Souffrez d'abord que j'aille déjeuner.

AGÉNOR, *lui donnant la lettre qu'il tient ouverte.*

Alors, pour épargner vos momens, daignez lire
Cette lettre...

DE VILLIERS, *à part, après avoir lu.*

Et de deux !

AGÉNOR.

Monsieur, c'est un délire,
Une exaltation !... daignez me protéger :

* De Villiers, Agénor.

C'est au point que j'en perds le boire et le manger.

DE VILLIERS.

Vous êtes bien heureux. Au surplus, quelque envie....

AGÉNOR.

Ah! monsieur, vous feriez le malheur de ma vie :
Car pour moi, s'il faut dire ici la vérité,
Il y va du repos et de la liberté.

DE VILLIERS.

Comment?

AGÉNOR.

Huit jours encore, et la fusée éclate.
Car, entre jeunes gens...

DE VILLIERS, *s'inclinant.*

Monsieur!

AGÉNOR, *à part.*

Le mot le flatte.

Haut.

Entre jeunes gens, donc, monsieur, je vous dirai
Que j'ai fait quelque abus du papier dit timbré.

DE VILLIERS.

Des lettres de change?

AGÉNOR.

Oui, monsieur.

DE VILLIERS.

La somme est-elle...?

AGÉNOR.

Près de dix mille francs!

DE VILLIERS.

C'est une bagatelle.

AGÉNOR.

Pas tant; car vous saurez qu'on a pris jugement,
Et maître Jolivard n'y va pas doucement.
— C'est le nom de l'huissier. — Et si je ne peux rendre
Dans huit jours...

DE VILLIERS.

Voyons donc : je cesse de comprendre.
Madame de Chauny n'est pas riche, et partant
Je ne m'explique pas...

AGÉNOR.

Attendez un instant!

J'ai mon oncle...

DE VILLIERS.

Ah! très-bien!

AGÉNOR.

Qui ne veut pas entendre
Parler de moi.

DE VILLIERS.

Dès lors, qu'en pouvez-vous attendre?

AGÉNOR.

Il veut absolument que je sois marié.
Sur ce point, jusqu'ici, je l'ai contrarié ;
Mais c'est le seul moyen qui nous réconcilie ;
Ma foi, je me résigne et j'en fais la folie.
Un plus riche parti m'eut certe accommodé ;
Mais il faut en huit jours que tout soit décidé :
L'avenir, après tout, n'a rien qui m'embarrasse ;
L'espérance de voir perpétuer sa race
Va mettre le cher oncle en tel ravissement,
Qu'il fera, j'en suis sûr, les choses largement :
Il est riche ; ajoutez que c'est une puissance
Depuis hier...

DE VILLIERS.

Comment ?

AGÉNOR.

Vous avez connaissance
De ce qui s'est passé?

DE VILLIERS.

Quoi donc?

AGÉNOR.

Nous avons mis
Les ministres dehors, et ce sont nos amis
Qui les remplacent.

DE VILLIERS.

Quoi! votre oncle... au ministère!

AGÉNOR.

Lui, ministre? non pas ; mais bien mieux, secrétaire
De la présidence.

DE VILLIERS.

Ah!

AGÉNOR.

Recommandé par lui,

Vous sentez qu'on arrive à tout; mais aujourd'hui
Son appui ne saurait me servir sans le vôtre;
C'était le seul moyen.

DE VILLIERS , *en confidence.*

S'il en était un autre !

AGÉNOR.

Quoi !...

DE VILLIERS.

Si je vous donnais, moi, pour vous protéger ,
Quelque chose de mieux cent fois qu'un étranger!
S'il était un service, et de cette importance ,
Qui dût changer l'aspect de toute une existence...

AGÉNOR.

Quoi que ce soit, monsieur, parlez, et sans délais...

DE VILLIERS, *lui donnant le dossier qu'il a dans sa poche.*

Ces papiers vous diront ce que c'est : donnez-les
A votre oncle ; il s'agit d'anciennes fournitures;
L'ordonnance n'attend que les deux signatures
Du ministre et du roi; prenez tout, et pensez
Au prix qui vous attend si vous réussissez.

AGÉNOR.

Oh! je réussirai, monsieur, et, sur mon ame,
Quand mon oncle saura qu'il s'agit de ma femme...

DE VILLIERS.

Partez vite, et venez chez moi demain matin
Me rendre la réponse.

AGÉNOR.

Où?

DE VILLIERS.

Neuf, cité d'Antin.

AGÉNOR.

Ma reconnaissance...

DE VILLIERS.

Oh! je n'en mérite aucune.

AGÉNOR, *à part, en s'en allant.*

Ma foi, c'est un brave homme, il n'a pas de rancune.

Il sort par le fond.

SCENE IX.

DE VILLIERS, *puis* GABRIEL , *arrivant par le fond.*

DE VILLIERS.

Va, cours! on ne pouvait, d'honneur, mieux rencontrer.
Mais réussira-t-il? je n'ose l'espérer.
Mais pendant ce temps-là mon estomac se creuse.

Il se dispose de nouveau à sortir.

GABRIEL, *l'arrêtant*.

Ah! vous voilà, monsieur! la rencontre est heureuse ;
Je descends du second, et je veux...

DE VILLIERS, *à part.*

Et de trois!

GABRIEL.

En deux mots, c'est à vous que j'en veux.

DE VILLIERS, *à part.*

Je le crois!

Il faut qu'ils aient juré de se faire maudire.

Haut.

Monsieur, je vois d'ici ce que vous m'allez dire :
Vous aimez, j'en suis sûr, madame de Chauny.
Pour ma part j'en éprouve un plaisir infini.
Faites-lui votre cour, si cela vous arrange,
Mais vous vous abusez d'une manière étrange
Si vous avez compté pour votre protecteur
Sur moi, qui ne suis rien que votre serviteur.
Bonsoir.

GABRIEL.

Çà, qui vous dit ici que je demande,
Monsieur, qu'on me protége ou qu'on me recommande?
Vous n'avez deviné juste que sur un point :
Je suis amoureux.

DE VILLIERS.

Ah!

GABRIEL.

Mais je n'implore point
De secours étranger, et c'est la moindre chose
Qu'un avocat plaidant plaide sa propre cause.

* Gabriel, de Villiers.

Mais on a jusqu'ici refusé de me voir
En tête-à-tête ; et si, grâce à votre pouvoir...

DE VILLIERS.

J'entends ; vous voudriez avoir une entrevue.

GABRIEL.

Rien de plus. Car, monsieur, dès que je l'aurai vue,
Je peux me confier à l'inspiration,
Et n'ai plus qu'à laisser parler la passion.
Ah ! monsieur, quand elle est profonde et bien sentie...

DE VILLIERS.

Peste ! quelle chaleur ! quel feu !

GABRIEL.

      C'est ma partie,
L'éloquence ; et d'ailleurs en êtes-vous surpris,
Si vous considérez quel en serait le prix ?

DE VILLIERS.

Pourtant on est peu riche, et si, par aventure...

GABRIEL.

Mais la famille tient à la magistrature.
Je veux y parvenir, et lui sais tels parens
Dont l'appui peut conduire un homme aux premiers rangs.
Il faut bien arriver.

DE VILLIERS.

     Cette ardeur empressée
Est, si je vous comprends, peu désintéressée ;
Mais vous espérez trop de ma protection :
Madame de Chauny n'a pas l'intention
De se remarier.

GABRIEL, *avec joie*.

    Vrai ? tant mieux ! c'est un prodige...

DE VILLIERS.

Vous n'entendez donc pas ?

GABRIEL.

    Si fait. Tant mieux, vous dis-je,
Des obstacles ! tant mieux cent fois ! je n'en aurai
Que plus de gloire à vaincre, et pardieu je vaincrai.
Ah ! l'on veut rester veuve ! ah ! l'on nous fait l'injure
De penser... Eh bien, soit ! j'accepte la gageure.
C'est que nous avons là, toujours, pour tous les cas,
Un plaidoyer tout prêt, nous autres avocats !

DE VILLIERS, *à part.*

Qui m'empêche après tout d'essayer cette voie ?

GABRIEL.

Je le répète encor, monsieur; que je la voie
Une heure, seulement une heure, et vous direz
Si jamais à l'amour accens plus inspirés,
Si jamais à mon nom voix plus douce et plus tendre...

DE VILLIERS, *l'arrêtant.*

Pardon ! nous commençons à ne plus nous entendre.

GABRIEL.

Quand je suis sûr de moi !

DE VILLIERS.

          Je ne vous dis pas non ;
Mais en parlant pour vous, en votre propre nom,
Vous faites tout de suite, et sans beaucoup d'adresse,
Comprendre que c'est vous que l'affaire intéresse,
Et vos discours, dictés par ce motif qu'on sent,
Sont tout d'un coup suspects et perdent cent pour cent ;
Mais si vous l'attaquez sans que l'on vous soupçonne,
En termes généraux... et sans nommer personne ;
Si vous lui démontrez que tous les bons esprits
S'accordent à blâmer le parti qu'elle a pris ;
Qu'elle a tort, après tout : qu'une femme à son âge.
A besoin d'un époux, du bonheur d'un ménage ;
Que c'est plus convenable, et même plus moral...
En raisonnant ainsi... toujours en général...

GABRIEL.

Il a, ma foi, raison.

DE VILLIERS.

          Je me trompe peut-être.

GABRIEL.

Du tout !

A part.

Il a du bon.

Haut.

          Ah ! comment reconnaître...

DE VILLIERS.

Si vous êtes d'accord avec moi, vous pouvez
Entrer...

GABRIEL.

Mais ce matin, un ordre... vous savez.

DE VILLIERS.

C'est juste ; revenez plus tard, dans la soirée ;
Je reste, et d'ici là je l'aurai préparée.

GABRIEL.

Je comprends ; ah ! monsieur, après un pareil trait...

A part.

Ce pauvre homme, en honneur, me porte un intérêt...

Il sort par le fond.

SCENE X.

DE VILLIERS, *seul.*

Ouf ! respirons un peu. Ma foi, vaille que vaille ,
Pour moi chacun d'eux trois de son côté travaille...
Mais, avec tout cela, je n'ai pas déjeuné,
Et puisque j'ai tant fait, j'attendrai le dîné :
Mais vous me revaudrez cela, je vous le jure !
C'est un nouveau grief à joindre à mon injure,
Et, c'est mon estomac qui vous le garantit,
Ma rancune s'accroît de tout mon appétit.
La situation est singulière et neuve.
Nous en voulons tous quatre à la main de la veuve...

SCENE XI.

DE VILLIERS, Mme DE CHAUNY.

Mme DE CHAUNY, *rentrant par le fond.*

On a servi ; venez...

Voyant M. de Villiers qui rit.

Qu'avez-vous donc ?

DE VILLIERS.

Je ri

D'une histoire piquante arrivée à Paris.

Mme DE CHAUNY.

Depuis peu ?

DE VILLIERS.

Ce matin : il s'agit d'une femme...

Mme DE CHAUNY.

Et je la connais ?

DE VILLIERS.

Oui.

Mme DE CHAUNY.

Le nom de cette dame ?

DE VILLIERS.

Vous le saurez plus tard ; peut-être dès demain ;
Enfin , quatre rivaux se disputent sa main.

Mme DE CHAUNY.

Vrai ? la coquetterie est grande, et je l'admire.

DE VILLIERS.

Non ; c'est à son insu qu'elle est leur point de mire :
C'est le but, voilà tout, et chacun d'eux y court
En suivant le chemin qu'il juge le plus court ;
Le prix au plus adroit ! à travers les clairières,
Les enclos, les fossés, les ruisseaux, les barrières,
Vers ce but hardiment il s'agit de marcher.

Mme DE CHAUNY, *souriant.*

C'est comme qui dirait une Course au clocher.

Elle sort par le fond avec M. de Villiers , qui lui présente la main.

ACTE DEUXIÈME.

Un salon chez M. de Villiers ; porte au fond, portes latérales ; à gauche
du spectateur, une table avec plumes, encre, etc.; dans l'angle à droite,
une croisée.

SCENE PREMIERE.

JOSEPH, ZOÉ.

ZOÉ, *entrant par le fond.*

Monsieur de Villiers ?

JOSEPH.

Tiens, c'est vous ?

ZOÉ.

Est-il visible ?

Je voudrais lui parler sur-le-champ.

JOSEPH.

Impossible!
Monsieur m'a dit : Joseph, tu te rappelleras,
J'attends trois jeunes gens, tu les introduiras ;
Du reste, je n'y suis pour personne.

ZOÉ.

Que faire?
Il faut que je lui parle absolument.

JOSEPH.

L'a aire
Est donc bien grave, alors? votre maîtresse...

ZOÉ.

Non.
Madame n'en sait rien, et je viens en mon nom ;
Toujours est-il qu'il faut à tout prix que je voie
Votre maître à l'instant.

JOSEPH.

Bon! pour qu'il me renvoie ?
Je le connais. Il n'est qu'un seul moyen, tenez:
L'ordre est pour ce matin seulement, revenez
Vers midi.

ZOÉ.

Vers midi! c'est bien tard; mais n'importe.
Et si vous m'assurez qu'à cette heure la porte
Ne sera plus fermée...

JOSEPH.

Oui, venez, j'y serai.

ZOÉ.

Et vous m'introduirez ?

JOSEPH.

Je vous introduirai.

Elle sort par le fond.

SCENE II.

DE VILLIERS, JOSEPH, *puis* AGÉNOR.

DE VILLIERS *entre en scène par la gauche; il aperçoit
Joseph et le congédie du geste; Joseph sort.*
A présent, du sang-froid, la lutte est commencée ;

C'est qu'ici la partie est fort intéressée :
Allons, j'ai bon espoir ; j'aurais bien du malheur,
Maître de mon secret à la fois et du leur,
Si de ces trois rivaux dont l'amour m'embarrasse...

AGÉNOR, *accourant par le fond.*

Que je vous remercie et que je vous embrasse !

DE VILLIERS.

Quoi ! vous auriez l'espoir... S'il en était ainsi...

AGÉNOR.

De l'espoir ! eh ! bien mieux que cela, Dieu merci ;
Certitude, mon cher !

DE VILLIERS.

 Eh quoi !

AGÉNOR.

   Des plus complètes !

DE VILLIERS.

Vraiment ?

AGÉNOR.

  Tout a marché comme sur des roulettes ;
Pour tout dire en un mot, grâce à mon protecteur,
L'ordonnance paraît demain au Moniteur.

DE VILLIERS.

Ah ! c'est affaire à vous !

AGÉNOR.

  Voilà comme nous sommes,
Dans ce temps de progrès, nous autres jeunes hommes.
Quarante mille francs de rente, c'est gentil !
Songer que tout cela c'est pour moi !

DE VILLIERS, *à part.*

   Que dit-il ?

Haut.

Ainsi, tout est en règle ?

AGÉNOR.

  Il ne restait à faire
Qu'une expédition du précis de l'affaire.
Ces commis sont si lents ! moi, je m'en suis chargé ;
Et maintenant, mon cher, je vous suis obligé.
Si l'on veut que demain l'ordonnance paraisse,
Il faut que ce travail...

   Il se dispose à sortir.

DE VILLIERS.

Eh ! si le temps vous presse,
Que ne travaillez-vous ici ? Précisément
Voilà tout ce qu'il faut.

Il désigne la table.

AGÉNOR.

Que de bonté !

DE VILLIERS.

Comment ?
Faites comme chez vous.

AGÉNOR, *s'asseyant.*

Vrai, c'est de la féeric !
En un jour, je deviens riche et je me marie ;
Je voudrais pour beaucoup avoir déjà fini,
Pour aller retrouver madame de Chauny,
Lui dire que c'est moi qui de cette ordonnânce...

DE VILLIERS, *réprimant un mouvement d'effroi.*

Mais vous n'y songez pas, c'est une inconvenance,
Et, dans votre intérêt, il me semble important
De ne pas dire encor que c'est vous...

AGÉNOR, *se levant et allant se placer en face de de Villiers.*

Un instant !
Je suis gai comme un autre, et j'entends raillerie,
Mais celle-ci, ma foi !... vous m'avez, je parie,
Pris pour un sot !

DE VILLIERS.

Qui ? moi ?

AGÉNOR.

Mais quoiqu'on n'ait pas l'air,
On devine son monde et l'on sait y voir clair.

Le regardant en face.

Vous aimez la veuve.

DE VILLIERS, *étourdi.*

Hein ? je...

AGÉNOR.

Vous aimez la veuve !
Hier je m'en doutais, aujourd'hui j'ai la preuve.
Et vous trouviez piquant de vous servir exprès
De moi pour l'enrichir, et vous la rendre après.

DE VILLIERS, *avec embarras.*

Quoi ! vous croyez...

AGÉNOR.

La ruse était bien inventée ;
Mais vous voyez, mon cher, la mèche est éventée :
Ce n'est pas nous qu'on trompe, allez ; et nous verrons
Si vous m'aurez pour vous fait tirer les marrons ;
Car dès demain je vais, soit dit sans vous déplaire,
Mon ordonnance en main, demander mon salaire.
Une femme à ce prix n'a jamais balancé,
Je pense...

DE VILLIERS, *à part.*

Je suis pris ; je suis dans le fossé.

AGÉNOR, *d'un ton railleur.*

Cette guerre entreprise avec tant d'assurance,
Elle n'a pas tourné selon votre espérance :
Décidément le temps de l'Empire est passé.

DE VILLIERS.

Continuez, monsieur.

AGÉNOR.

Non, car je suis pressé ;
Cette copie... et si, malgré votre défaite,
Vous voulez bien encor...

Il montre la table.

DE VILLIERS, *offensé de son doute.*

Monsieur !...

Agénor va s'asseoir à la table et écrit avec attention.

SCENE III.

AGÉNOR, *écrivant*, DE VILLIERS, OLIVIER.

OLIVIER, *entrant par le fond, à M. de Villiers.*

La chose est faite ;
Voici l'acte en état et signé de ma main,
Et nos neveux pourront s'embarquer dès demain.

DE VILLIERS, *à part, avec dépit.*

Pour le coup, c'est trop fort !

OLIVIER, *d'un air triomphant.*

Hein! sans qu'il y paraisse,

J'ai fait là...

DE VILLIERS.

Vous avez fait une maladresse !

OLIVIER, *étonné.*

Quoi!

DE VILLIERS.

Vous avez perdu votre argent et vos pas
Pour qu'un autre...

OLIVIER, *apercevant Agénor.*

Agénor!

DE VILLIERS.

Ne le dérangez pas.
Un mémoire pressé qu'il finit de transcrire...

AGÉNOR, *se parlant à lui-même tout en écrivant.*

C'est maître Jolivard surtout qui va bien rire !

DE VILLIERS, *à part, comme frappé d'une idée.*

Jolivard!

OLIVIER, *à de Villiers.*

Mais pardon! vous disiez?

DE VILLIERS, *l'emmenant à l'autre coin du théâtre.*

Par ici,
On pourrait nous entendre.

OLIVIER, *impatient.*

Enfin donc?

DE VILLIERS.

M'y voici.
Nous avons bien du neuf, mon cher !

OLIVIER.

Que signifie...

DE VILLIERS.

Armez-vous de courage et de philosophie,
Vous avez un rival.

OLIVIER, *étonné.*

J'ai...

DE VILLIERS.

C'est comme cela.

OLIVIER, *élevant la voix.*

Un rival ! ah! parbleu...

DE VILLIERS.
Plus bas donc! il est là!

OLIVIER.

Agénor ?

DE VILLIERS.
Justement. Hier, en votre absence,
J'ai su que votre ami...

OLIVIER.
Lui! simple connaissance;
Si bien que je lui vais à l'instant proposer
Une explication...

Il se dirige vers Agénor.

DE VILLIERS, *l'arrêtant.*
Enfant, vous exposer !
Un duel!

OLIVIER.
N'est-ce donc pas la plus simple manière
D'écarter un rival?

DE VILLIERS.
Eh non, c'est la dernière!

OLIVIER.
Savez-vous un moyen ?
DE VILLIERS, *après avoir regardé autour de lui avec pré-*
caution.
Non, pas précisément;
Mais il est question de certain jugement,
De contrainte par corps, d'un huissier qui se nomme
Jolivard...

OLIVIER.
Que me fait...
DE VILLIERS.
Cela vous fait qu'un homme
Existe en ce moment, qui peut, à volonté,
Mettre votre rival en lieu de sûreté:
Et cet homme... c'est vous, si vous voulez.

OLIVIER.
Qu'entends-je ?
DE VILLIERS.
Devenez le porteur de ses lettres de change,
Achetez la créance; et, pour dix mille francs,

Vous avez le plaisir d'envoyer...

OLIVIER.

Je comprends !

DE VILLIERS, à part.

C'est bien heureux !

OLIVIER.

Parbleu ! c'est une bonne idée.

DE VILLIERS.

Réfléchissez pourtant.

OLIVIER.

L'affaire est décidée,

Je cours chez cet huissier : pour régler tout cela
Il faut une heure au moins ; vous, pendant ce temps-là,
Ayez l'œil sur notre homme, agissez de la sorte,
Qu'il ne puisse quitter cette chambre, et n'en sorte
Que lorsque vous verrez un fiacre près d'ici.
Le reste me regarde, et bientôt, Dieu merci...

DE VILLIERS.

Je vois que nous avons fini par nous comprendre.

Olivier se dirige vers le fond, de Villiers l'arrête.

Vous pourriez rencontrer quelqu'un; il vaut mieux prendre
Le petit escalier.

OLIVIER, en s'en allant.

N'oubliez pas !

DE VILLIERS.

C'est dit.

Olivier sort par la droite.

SCENE IV.

AGÉNOR à la table, DE VILLIERS, puis GABRIEL.

DE VILLIERS, à part.

Ah ! tout n'est pas encor perdu.

AGÉNOR, écrivant, à part.

Papier maudit !

Par bonheur, ma besogne est bientôt achevée;
J'en avais mal aux doigts !

GABRIEL, *entrant par le fond.*

La place est enlevée!

Il s'arrête tout court en apercevant Agénor.

DE VILLIERS.

Il ne nous entend pas. Mais vous, par quel bonheur...

GABRIEL.

J'ai vraiment été beau, ma parole d'honneur !
Et de nos gros bonnets il n'est pas, je parie,
Un seul qui ne fût fier de cette plaidoirie.

DEVILLIERS, *un peu inquiet.*

Et vous n'avez nommé personne?

GABRIEL.

Sur cela ,
J'ai tout-à-fait suivi vos conseils.

DE VILLIERS, *lui tendant la main.*

Touchez là!

AGÉNOR, *se levant.*

Enfin, je suis au bout, si c'était à refaire...

DE VILLIERS, *après avoir regardé à la fenêtre , à part.*

Rien encore! ceci ne fait plus mon affaire.

Haut, et prenant le papier des mains d'Agénor.

Beau travail!

AGÉNOR.

De ce pas je vais le reporter.

DE VILLIERS.

Mais c'est tout frais encor, vous allez tout gâter.

Il prend l'encrier et le renverse sur la feuille.

AGÉNOR, *hors de lui.*

Ah! mon Dieu! qu'ai-je vu! Monsieur, prenez donc garde!
Avant de faire ainsi des malheurs, on regarde !

DE VILLIERS, *tranquillement.*

Je vous verse la poudre, à quoi bon tant crier?

AGÉNOR, *exaspéré.*

La poudre ! Eh ! malheureux, non, c'était l'encrier!

DE VILLIERS, *avec candeur.*

Que je suis donc fâché de cette maladresse!

AGÉNOR.

Il est parbleu bien temps! et l'heure qui me presse!...

DE VILLIERS.

Peut-être qu'en grattant...

AGÉNOR.

Gratter! il est charmant!

Il montre la feuille tachée d'un énorme pâté.

Il faut recopier la feuille entièrement;
C'est bien gai!

Il va se rasseoir et travaille en murmurant.

DE VILLIERS, *retournant vers Gabriel.*

Nous disions?

GABRIEL.

Que j'ai l'ame ravie.

L'éloquence aura fait le bonheur de ma vie;
Car mon amour ne peut long-temps s'accommoder
De cet incognito qu'il m'a fallu garder.
Bientôt on apprendra quel est le cœur qu'anime
Ce feu jusqu'à ce jour caché sous l'anonyme,
Et bientôt, grâce à Dieu, tous mes souhaits comblés
Ne me laisseront plus...

DE VILLIERS, *l'interrompant.*

De quel train vous allez!

Il n'est si beaux projets que le sort ne dérange.
Ah! mon cher, il arrive une aventure étrange,
Quand on se croit au but...

GABRIEL.

Eh bien donc?

DE VILLIERS.

Sur les rangs

Il s'est, depuis hier, mis bien des concurrens.

GABRIEL.

Cela ne se peut pas!

DE VILLIERS.

La chose est si possible,

Qu'elle est.

GABRIEL.

Ah! ma fureur...

DE VILLIERS.

Vous êtes irascible,

Jeune homme; prenez garde.

AGÉNOR, *se levant.*

Enfin, je suis sauvé !

C'est fait, et cette fois...

DE VILLIERS, *après avoir de nouveau regardé à la fenêtre, à part.*

Le fiacre est arrivé :

Très-bien !

AGÉNOR, *apercevant Gabriel.*

Tiens, vous voilà ! parbleu, que je vous conte...

Regardant à sa montre.

Mais je n'ai pas le temps...

A de Villiers.

Adieu, mon cher, qui compte

Sans son hôte...

DE VILLIERS.

Je sais.

AGÉNOR.

Riez entre vos dents,

Rira bien...

Il sort par le fond.

SCENE V.

GABRIEL, DE VILLIERS.

GABRIEL, *avec impatience.*

Mais je suis sur des charbons ardens ;
Pour Dieu, monsieur, la fin de cette confidence.

DE VILLIERS.

Ah ! mon cher, nous avons grand besoin de prudence :
Nous avons des rivaux, et des rivaux nombreux ;
L'un...

On entend le bruit d'une voiture qui s'éloigne ; de Villiers s'arrête et
prête l'oreille.

GABRIEL.

Qu'écoutez-vous donc ?

DE VILLIERS.

L'un n'est plus dangereux ;
Je vous dirai cela :-mais il en est un autre
Dont l'amour pourrait bien faire grand tort au nôtre.

GABRIEL, *exalté.*
Je ne demande plus qu'une chose : son nom ?
DE VILLIERS.
Quel air! vous êtes fou !

GABRIEL.
Je ne vous dis pas non.
Car je suis hors de moi, car je prétends le faire
Repentir de l'audace!...
DE VILLIERS. *à part.*
Allons ! c'est une affaire !
Oui; mais en fait de coups d'épée à recevoir,
On ne peut envoyer un fondé de pouvoir :
Ceci n'est plus permis.
GABRIEL, *avec impatience.*
Enfin !
DE VILLIERS.
Eh quoi, jeune homme...
GABRIEL.
Ce que je veux savoir, c'est comment il se nomme ;
Répondez-moi par grâce, et, l'épée à la main,
On verra...
DE VILLIERS.
Songez bien...
GABRIEL.
Et ce n'est pas demain,
Non ; c'est aujourd'hui même, à l'instant, quoi qu'il fasse,
Que nous irons régler nos comptes face à face.
DE VILLIERS, *à part.*
Ah! diable, c'est trop tôt : moi j'ai besoin ici.
Haut.
Eh bien, mon cher monsieur, puisqu'il vous plaît ainsi,
Ce nom, vous le saurez...
GABRIEL.
Oh! dites-le-moi vite !
DE VILLIERS.
Mais pas en ce moment.
GABRIEL..
J'entends, pour qu'il m'évite.
DE VILLIERS, *avec dignité.*
Revenez dans une heure, et vous pourrez juger

Si c'est un homme à fuir à l'aspect du danger ;
Vous saurez que pour lui ce doute est une injure.

GABRIEL.

Ainsi vous m'assurez qu'il viendra ?

DE VILLIERS.

Je le jure ;
Je vous réponds de lui, monsieur. Si vous croyez...

GABRIEL.

Et que je le verrai ?

DE VILLIERS, *lui prenant la main et le regardant en face.*

Comme vous me voyez !

Gabriel sort par le fond.

SCENE VI.

DE VILLIERS, *puis* OLIVIER.

DE VILLIERS, *seul.*

Allons, je me battrai ! le cas était trop grave.

Il sonne, Joseph entre.

Joseph ! mes pistolets, mes fleurets.

Joseph sort.

Il est brave !
Tant mieux ! il n'en aura pas moins de ma façon
Un petit coup d'épée en guise de leçon.
L'autre va revenir, qu'il soit ou non traitable,
Ma foi, je veux aussi jouer cartes sur table ;
Et, j'en suis désolé si l'aveu lui déplaît,
Lui dire bonnement la chose comme elle est.
A tout prendre, c'est mieux ! je rougis quand je songe
A ces tristes moyens de ruse et de mensonge :
Qu'au moins de leur défi publiquement jeté,
Ma revanche ait l'éclat et la solennité.

Joseph rentre, dépose les armes sur un fauteuil, et sort.

Je suis un peu rouillé, mais le ciel qui m'inspire
Me rendra, j'en suis sûr, mon vieux jeu de l'Empire ;
Quoique depuis ce temps mes cheveux aient blanchi,
Mon bras est encor ferme...

OLIVIER, *entrant par la droite.*

En route pour Clichy !

A l'heure où je vous parle il a franchi la porte,
Et de bons gros verroux m'en répondent.

DE VILLIERS.

Qu'importe ?

OLIVIER.

Il importe beaucoup ; s'il pouvait s'échapper...

DE VILLIERS.

Monsieur, il n'est plus temps ici de vous tromper ;
Soyons francs l'un et l'autre, et parlons sans préface :
Les choses maintenant ont bien changé de face ;
Ce n'est plus un rival dont vous feront raison
Quelques lettres de change et six mois de prison ;
Un autre est sur les rangs, moins facile, et de taille
A vous mieux disputer le gain de la bataille :
Voyez si vous voulez céder, car lui n'est pas
En disposition de reculer d'un pas.

OLIVIER.

Quand une question se trouve ainsi posée,
Pour un homme de cœur la réponse est aisée :
Je ne céderai point ; et si de ce débat
Doit résulter pour nous l'épreuve d'un combat,
Il apprendra de moi, monsieur, que mon épée,
Pour être jeune encore, est aussi bien trempée.

DE VILLIERS, *à part, tranquillement.*

Encore un duel !... allons, je recommencerai ;
Il ne m'en coûtera pas plus quand j'y serai.

Haut.

Jeune homme, c'est très-bien.

OLIVIER.

Mais il est nécessaire
Que je sache, avant tout, quel est cet adversaire.

DE VILLIERS.

C'est un homme ravi de trouver à son gré
Le moyen de régler un vieux compte arriéré.

OLIVIER.

Enfin son nom ? Si c'est l'homme que je soupçonne...

DE VILLIERS.

C'est...

JOSEPH, *entrant.*

Monsieur.

DE VILLIERS.

Qu'est-ce encor? Je n'y suis pour personne.
Je te l'ai dit.

JOSEPH.

On vient...

DE VILLIERS.

As-tu bientôt fini ?
Va-t'en !

JOSEPH.

On vient de chez madame de Chauny;
Elle veut voir monsieur, l'affaire est très-pressante.

DE VILLIERS.

Monsieur, vous l'entendez ; souffrez que je m'absente :
De grâce, attendez-moi, car bientôt, Dieu merci,
L'homme que vous cherchez va revenir ici.

Il sort par la droite, Joseph par le fond.

SCENE VII.

OLIVIER, *puis* GABRIEL.

OLIVIER, *seul.*

Les rivaux sortent donc ici de dessous terre !
Mais je me souviendrai que je suis militaire
Cette fois : et, parbleu ! ce rival inconnu
En m'offrant le défi sera le bien venu.
Il m'en coûtait assez déjà de me contraindre
Avec un ennemi qui n'était guère à craindre ;
J'avais l'air d'éviter un combat hasardeux,
Et celui-ci, ma foi ! paîra pour tous les deux !

Il aperçoit les armes que Joseph a apportées.

Précisément, voilà des armes ! — Admirable !
Ce monsieur de Villiers est un homme adorable,
Il pense à tout. — Au fait, je prendrai celles-ci ;
J'épargne ainsi du temps, et ne sors pas d'ici.

Il prend les fleurets sous son bras, et la boîte de pistolets à la main.

Quand l'un de nous devrait sauter par la fenêtre,
Je veux... mais, avant tout, il faudrait le connaître !

Il se promène avec agitation.

GABRIEL *entre par le fond, ayant pareillement une botte de pistolets à la main et des fleurets sous le bras.*
Olivier!

OLIVIER.

Gabriel!

GABRIEL, *à part.*
Dieu! quel éclair a lui!

OLIVIER, *à part.*
Ah! je devine tout enfin! c'est lui!

GABRIEL, *à part.*
C'est lui!

Un moment de silence.

OLIVIER, *d'un air contraint.*
Parbleu, je l'avoûrai, l'aventure est étrange;
Mais, entre amis, il faut que l'affaire s'arrange,
Et sachant que c'est moi qui dois me présenter,
Vous aurez le bon goût de ne pas insister.

GABRIEL.
Mon Dieu, c'est mot à mot ce que j'allais vous dire.

OLIVIER.
Je voudrais pour beaucoup ne pas vous contredire;
Mais lorsque vous saurez pourtant que j'ai des droits...

GABRIEL.
Les miens peuvent valoir tous les vôtres, je crois.

OLIVIER.
Mais il faudra qu'un jour enfin, de guerre lasse,
L'un des deux cède à l'autre et lui laisse la place.

GABRIEL.
Sans doute, et vous pourriez toujours, en attendant,
Prendre pour vous l'avis, que je trouve prudent.

OLIVIER.
Monsieur, il est des cas où toute raillerie
Peut avoir les semblans de la forfanterie.

GABRIEL.
Vous n'avez qu'à parler, le railleur deviendra
Tout aussi sérieux, monsieur, qu'il vous plaira.

OLIVIER.
C'est un défi, monsieur!

GABRIEL.
Libre à vous de le prendre

Comme vous le voudrez.

OLIVIER.

Monsieur, vous m'allez rendre
Raison de ce mot-là ! Mon choix, comme offensé...

GABRIEL.

Ah ! permettez : lequel s'est le plus avancé ?

OLIVIER.

Il m'a toujours semblé que celui qui provoque...
Au fait, je ne veux pas faire ici d'équivoque,
Ce n'est pas mon état.

GABRIEL.

Pour le coup, j'ai surpris
Un mot qui veut du sang !

OLIVIER.

Vous m'avez donc compris !

*Joseph entre en ce moment par le fond, amenant derrière lui Zoé toute
en pleurs.*

GABRIEL.

Quelqu'un vient ! Le secret, monsieur, sur l'aventure ;
Ne faisons pas de bruit.

A Joseph.

Mon cher, une voiture,
S'il vous plaît.

JOSEPH.

Oui, monsieur.

Il sort.

GABRIEL, *étonné.*

Zoé ! quelle raison...

Bas à Olivier.

Oh ! pas un mot, monsieur !

ZOÉ.

Vous dans cette maison !
Et ces armes... tous deux... Ah ! malgré moi je tremble...

GABRIEL.

Quoi donc ? monsieur et moi devons sortir ensemble ;
Un tir, un assaut...

ZOÉ.

Mais...

OLIVIER.

Quand nous vous l'attestons !

Joseph paraît au fond. Bas à Gabriel.

Ah ! la voiture est là... Sortons, monsieur.

GABRIEL.

Sortons !

Ils sortent par le fond.

SCENE VIII.

JOSEPH, ZOÉ.

JOSEPH.

Vous, vous voulez parler à monsieur ?

ZOÉ.

Tout de suite !
Ou plutôt, non... tenez, courez à leur poursuite...

JOSEPH.

De qui ?

ZOÉ.

De ces messieurs qui viennent de sortir.

JOSEPH.

A quoi bon ?

ZOÉ.

Ils parlaient d'un assaut et d'un tir ;
Mais je suis sûre, moi, que c'est pour une affaire,
Je suis sûre qu'ils m'ont trompée.

JOSEPH.

Et pourquoi faire
Vous tromper ? Après tout, si c'est un rendez-vous,
Quel motif auraient-ils de se cacher de vous ?
Pensez donc, deux amis, sans un mot de querelle,
S'aller battre ! la chose est trop peu naturelle.
—Je vous laisse.

Il sort par le fond.

SCENE IX.

ZOÉ, *puis* DE VILLIERS.

ZOÉ, *seule.*

Je suis comme cela toujours,

Sur un geste, un regard, à trembler pour ses jours.
Après ce qui m'arrive, il est bien pardonnable...
Mais non, cependant, non, ce n'est pas raisonnable ;
Comme disait Joseph, sans un seul mot entre eux,
Deux amis ! J'avais tort.

Elle s'assied à gauche.

DE VILLIERS, *arrivant par la droite, à part.*

Est-on plus malheureux ?
Personne ! C'est en vain que j'ai fait diligence,
On venait de sortir : toujours la négligence
De ce maudit Joseph ; tant qu'il n'est pas puni...
Mais que vois-je ! Zoé ! Madame de Chauny
Sans doute vous envoie...

ZOÉ, *se levant.*

Hélas !

DE VILLIERS.

La chose presse,
Il paraîtrait...Voyons, que veut votre maîtresse ?
Répondrez-vous enfin ?

ZOÉ.

Monsieur, qu'avez-vous dit ?
Hélas ! je n'ai d'espoir que dans votre crédit ;
Vous me voyez bien triste et bien embarrassée.

DE VILLIERS.

Que se passe-t-il donc ?

ZOÉ.

Madame m'a chassée.

DE VILLIERS.

Quoi ! vous qu'elle aimait tant !

ZOÉ.

Et je viens vous trouver,
Monsieur, car c'est vous seul qui pouvez me sauver.

DE VILLIERS.

La faute est donc bien grave ? avec son caractère
Il a fallu...

ZOÉ.

Monsieur, je ne veux rien vous taire :
Vous saurez que j'ai fait la sottise d'aimer
Un beau jeune homme...

DE VILLIERS.

Oui da!

ZOÉ.

Que je ne puis nommer.
Vous savez, la jeunesse, une tête exaltée...
C'est un bien grand malheur! d'autant qu'il m'a quittée,
Monsieur, en me faisant promettre par serment,
Croiriez-vous? de brûler ses lettres!

DE VILLIERS.

Ah! vraiment!

ZOÉ.

Et j'allais obéir, lorsque, impatientée
De me sonner, madame à ma chambre est montée,
A surpris le paquet de lettres dans ma main,
Et m'a dit de chercher une place demain.

DE VILLIERS.

C'est une faute au moins que vous avez commise!
Et si vous seule encor vous étiez compromise!
Mais une autre personne...

ZOÉ.

Oh! non, c'est justement
Pour cela que madame agit si durement.
Ces lettres qu'elle tient n'ont pas de signature:
Elle ne connaît pas d'ailleurs cette écriture,
Et moi, j'ai refusé toujours de déclarer
Ce nom que j'ai promis de ne jamais livrer.

DE VILLIERS.

Mais moi, qui ne suis pas un homme bien terrible,
Vous pouvez...

ZOÉ.

Pour cela, monsieur, c'est impossible;
J'ai juré de le taire, et lorsque j'ai juré,
Voyez-vous, c'est fini, mon serment est sacré.

DE VILLIERS.

A ne vous rien cacher, ce refus m'embarrasse;
Pourtant nous tâcherons d'obtenir votre grâce;
Il s'agit pour cela d'attendre un bon moment...
On vient... Non, ce n'est pas une erreur! justement,
C'est elle.

ZOÉ.

Madame?

DE VILLIERS.

Oui ; c'est le ciel qui l'envoie !
Mais il faut éviter d'abord qu'elle vous voie ;
Je me charge de tout ; rentrez.

Il la fait entrer à gauche.

SCÈNE X.

DE VILLIERS, Mme DE CHAUNY.

Mme DE CHAUNY, *arrivant par le fond.*

Ah ! vous voilà !
On vous rencontre enfin ! que veut dire cela ?
Je vous attends chez moi toute la matinée,
Et vous ne venez pas ; et je suis condamnée,
Moi qui veux vous parler, à venir, sans façon,
Aux yeux de tout Paris, chez vous, chez un garçon !
— D'abord, cette ordonnance ? eh bien ?

DE VILLIERS.

Ville gagnée !

Mme DE CHAUNY.

Comment ! il se pourrait qu'un jour...

DE VILLIERS.

Elle est signée.
Vos parens sont casés : logés, vêtus, nourris,
Aux frais de qui de droit, surtout loin de Paris.

Mme DE CHAUNY.

Que ne vous dois-je pas ? comment suis-je capable
De payer...

DE VILLIERS.

En prenant pitié d'une coupable,
Cette pauvre Zoé qui m'a tout raconté ;
Et, si j'ose implorer ici votre bonté,
Cette bonté du cœur qui vous est naturelle,
Je vous demande grâce...

Mme DE CHAUNY.

Eh quoi ?

DE VILLIERS.

Grâce pour elle.

Mme DE CHAUNY.

Lorsque je vous dois tant, puis-je rien refuser ?
Si je fais mal, c'est vous qu'il en faut accuser :
Le bonheur doit d'ailleurs me rendre généreuse.

DE VILLIERS.

Au fait, en y songeant, la journée est heureuse :
De ces trois murs d'airain qui gardaient votre cœur,
Deux sont tombés déjà : mais quel heureux vainqueur
Forcera le dernier, le seul où se maintienne
Cette vertu farouche?...

Mme DE CHAUNY.

Oh ! qu'à cela ne tienne.

Vous saurez que depuis hier j'ai réfléchi ;
Et ce dernier obstacle...

DE VILLIERS.

Eh bien ?

Mme DE CHAUNY.

Il est franchi ;

Et c'est même pourquoi je viens. — Mais je parie
Que vous vous moquerez de moi... Je me marie !
Et j'accours tout d'abord vous dire ce secret,
A vous, pour qui la chose a le plus d'intérêt.

DE VILLIERS, *avec joie.*

Madame !

Mme DE CHAUNY.

Oh ! là-dessus je connais vos idées :
Mon Dieu, je ne dis pas qu'elles ne soient fondées ;
Mais tous les jours on change, et les femmes surtout.
J'use du privilége ; et, pour vous dire tout,
C'est monsieur Gabriel qui, sur cette matière,
M'a si bien entreprise une heure toute entière,
Et m'a déduit si bien de si bons argumens,
Que je me suis rendue à ses raisonnemens.

DE VILLIERS , *un peu inquiet.*

Il vous a fait la cour?... et dans sa plaidoirie
Je vois que l'avocat...

Mme DE CHAUNY.

De la galanterie,

Lui! monsieur Gabriel ! oh! quant à cela, non !
Au point qu'il évitait de prononcer son nom.

DE VILLIERS, *à part.*

Ah ! je respire enfin !

Mme DE CHAUNY.

Mais, pour être cachée,
Sa tendresse pour moi ne m'a pas moins touchée ;
Ce procédé si neuf ensemble et si discret
De laisser à l'amour le charme d'un secret,
Enfin l'étrangeté même de sa conduite,
Que vous dirai-je, moi? tout cela m'a séduite.

DE VILLIERS, *à part.*

Voici bien du nouveau !

Mme DE CHAUNY.

Car enfin, vous pensez
Qu'à travers ses discours graves et compassés
Dans le fond de son cœur mon œil a su descendre
Et deviner le feu caché sous cette cendre :
Aussi, sans plus tarder, je prétends dès demain
Lui dire que je l'aime et lui donner ma main.

DE VILLIERS, *à part, avec effroi.*

Ah! mon Dieu !

Mme DE CHAUNY.

Vous direz peut-être que son âge
Va mal au sérieux des choses du ménage...
Sans doute, et j'aurais pu rencontrer en effet
Quelque mari plus mûr qui serait mieux mon fait...

DE VILLIERS.

Quoi, madame...

Mme DE CHAUNY.

Je fais peut-être une folie;
Laissez-moi m'étourdir, afin que je l'oublie...
Il faut que mon mari d'abord soit présenté :
Je réunis ce soir grande société;
Toute ma famille.

DE VILLIERS.

Ah !

Mme DE CHAUNY.

Oui : la lettre est partie,
J'annonce qu'à la fin je me suis convertie...

DE VILLIERS.

Quoi ! vous avez écrit...

Mme DE CHAUNY.

Enfin je leur apprends
Tout, excepté le nom du mari que je prends :
Je veux leur ménager au moins cette surprise...
Je compte sur vous !

DE VILLIERS, *interdit.*

Moi !

Mme DE CHAUNY.

M'avez-vous pas comprise ?
Il le faut ; j'ai besoin de vous ; vous m'aiderez

De Villiers veut parler.

A faire les honneurs... tout ce que vous voudrez ;
C'est ainsi !

DE VILLIERS, *avec résignation.*

Soit !

Mme DE CHAUNY.

Pourtant, si cela vous dérange...
Vous avez, en effet, une figure étrange.

DE VILLIERS.

Moi !... je n'ai rien.

Mme DE CHAUNY.

Tant mieux. Du reste, en tout ceci,
Je n'ai pas oublié mes amis, Dieu merci.
Vous serez mon témoin.

DE VILLIERS, *à part, avec dépit.*

Allons ! bien !

Mme DE CHAUNY.

Je suis sûre
Que vous êtes content.

DE VILLIERS, *souriant de mauvaise grâce.*

Ravi, je vous assure.

Mme DE CHAUNY.

Peut-être mes parens m'en sauront mauvais gré.

DE VILLIERS, *de même.*

C'est une attention dont je suis pénétré.

Mme DE CHAUNY.

Je retourne chez moi ; j'ai la tête perdue :
Tous ces apprêts... et puis, je peux être attendue !

Mon absence aujourd'hui se ferait remarquer :
Pour neuf heures ; c'est dit... n'allez pas y manquer !
Adieu !

Elle sort par le fond.

SCENE XI.

DE VILLIERS , *puis* ZOÉ.

DE VILLIERS , *seul.*

Suis-je éveillé ? N'est-ce point un mensonge ?
Mais, non, je ne dors pas ; non, ce n'est point un songe !
Comment ! après le mal que je me suis donné !
Le sort à me poursuivre est donc bien acharné,
Qu'il fasse contre moi trouver une surprise
Dans la précaution même que j'avais prise !
Et je me laisserais, sans mot dire, accabler !
Non ! nous avons d'abord une affaire à régler
Qui pourra quelque peu déranger votre fête !

ZOÉ, *entrant par la gauche* *.

Eh bien , monsieur ?

DE VILLIERS , *préoccupé.*

C'est vous... eh bien ! la paix est faite ,
Vous restez.

Zoé veut le remercier.

Bien... plus tard : j'attends en ce moment
Ces messieurs, Olivier et Gabriel.

ZOÉ.

Comment ?
Ces messieurs...

DE VILLIERS.

Ils sont bien en retard, ce me semble.

ZOÉ.

Ils viennent de sortir d'ici tous deux ensemble,
Armés...

DE VILLIERS, *frappé.*

Armés ! Ils sont allés se battre !

ZOÉ.

O ciel !
J'avais donc deviné !... se battre !... Gabriel !...

* Zoé, de Villiers.

DE VILLIERS.

Qu'est-ce donc ? Ces sanglots, la douleur qui l'oppresse.
Ce duel... Eh ! qu'a-t-il donc tant qui vous intéresse ?

ZOÉ, s'oubliant.

Ce qu'il a !... mais c'est lui que j'aime !

DE VILLIERS.

Ah !... mais lequel
Au fait ? Est-ce Olivier, ou l'autre, ou Gabriel ?

ZOÉ , à part.

Dieu ! qu'ai-je fait ! et moi qui jurai de me taire !
Il faut le tromper...

Haut.
C'est...

DE VILLIERS.

Eh bien ?

ZOÉ.

Le militaire,
Olivier...

DE VILLIERS.

Ah ! c'est lui !

ZOÉ.

Courons !

DE VILLIERS.

Mais où courir ?
Par où sont-ils allés ? Comment les découvrir ?

Se promenant avec agitation.

Et cependant, mon Dieu ! puis-je les laisser faire ,
Quand je sais maintenant que c'est lui qu'on préfère ?
S'il arrivait malheur, le monde, avec raison,
Me croirait de moitié dans cette trahison...
Non, non, je ne peux pas !

Il sonne.
Joseph !

JOSEPH , paraissant.

Monsieur ?

DE VILLIERS.

Ecoute :
Ces deux messieurs, tu sais... il faut, coûte que coûte,
Que nous les retrouvions : il s'agit d'empêcher
Un duel...

JOSEPH.

Mais où sont-ils ?

DE VILLIERS.

Ah dame ! il faut chercher :
Pour cela, nous allons partager la besogne :
Nous prenons le chemin, moi, du bois de Boulogne,
Toi, du bois de Vincenne ; il leur faut bien au moins
Deux heures pour trouver chacun ses deux témoins.
Pour peu que nous sachions la route qu'ils ont prise....
Va, cours, tu leur diras que c'est une méprise,
Que c'est moi ce rival dont je leur ai parlé,
Et que c'est moi qui dois me battre...

JOSEPH.

Il m'a semblé...

DE VILLIERS, *le poussant dehors.*

Mais va donc, malheureux !

ZOÉ.

On vous dit qu'on le tue !

DE VILLIERS.

Je vais, de mon côté, commencer ma battue.

ZOÉ.

Ne perdez pas de temps... oh ! courez !

DE VILLIERS.

De ce pas
J'y cours, et vous réponds qu'il ne se battra pas !

Il sort précipitamment par le fond.

ACTE TROISIÈME.

Même décoration qu'au premier acte : à gauche, une table avec papier, etc.

SCENE PREMIERE.

Au lever du rideau, Mme de Chauny est assise devant sa toilette, Zoé est debout derrière elle, et lui place une fleur dans les cheveux.

ZOÉ, Mme DE CHAUNY.

Mme DE CHAUNY.

Pas tant de côté, donc ! voyez... mais qui vous donne
De ces distractions ?... puisque l'on vous pardonne ?

ZOÉ.

Croyez bien que je sens...

Mme DE CHAUNY.

> D'autant que j'ai besoin
De toute votre adresse et de tout votre soin.

ZOÉ.

Quoi ! vous, madame, aussi ! de la coquetterie !
Jamais, jusqu'à présent...

Mme DE CHAUNY.

> Zoé, je me marie.

ZOÉ.

L'ai-je bien entendu , madame ! il se pourrait !
Vous vous décideriez...

Mme DE CHAUNY.

> C'est encore un secret.
C'est monsieur Gabriel que j'épouse.

ZOÉ, *réprimant un mouvement.*

> Ah !

Mme DE CHAUNY.

> Lui-même.
C'est un jeune homme instruit, élégant, et qui m'aime !
Non pas de cet amour ennuyeux et banal,
Mais d'un amour piquant, bizarre, original,
Qui ne veut pas s'astreindre aux allures connues
Des complimens tout faits, des phrases convenues :
Et, pour prendre un exemple au hasard, cet amant
Que vous ne voulez pas nommer absolument...

Zoé veut parler.

C'est bien ! puisque ce nom est un si grand mystère,
Je ne demande rien, libre à vous de le taire :
Mais ces lettres?...

ZOÉ.

> Madame !...

Mme DE CHAUNY.

> Une distraction !
J'ai voulu voir comment parlait la passion
Chez vous autres...

ZOÉ.

> Eh quoi?...

Mme DE CHAUNY.

Je m'apprêtais à rire ;
Ah bien , oui ! tout le monde à présent sait écrire,
C'est extraordinaire : en un mot, j'ai tout lu,
Et ne vous cache pas que le style m'a plu.
Mais quelle différence avec lui ! nulle oreille
N'a connu les accens d'une langue pareille ;
Et comme en ses discours perçait à tout moment
Cette naïveté d'un premier sentiment !
Car c'est bien à ce cœur la première blessure...

ZOÉ.

Comment, il vous a dit...

Mme DE CHAUNY.

Lui ! rien : mais j'en suis sûre.
Les femmes ont un sens, Zoé, croyez cela,
Qui ne se trompe pas sur ce chapitre-là.
Eh ! mais quel est ce bruit ?

ZOÉ, *allant au fond.*

On vient ; je crois entendre...

Mme DE CHAUNY, *se levant.*

Déjà ! mais rien n'est prêt. Zoé, priez d'attendre
Et revenez vers moi ; nous n'avons pas fini.

Elle sort par la droite.

SCENE II.

DE VILLIERS, ZOÉ, *puis* JOSEPH.

DE VILLIERS, *à part.*

Je n'en puis plus !

ZOÉ.

Monsieur, madame de Chauny...

Le reconnaissant.

Quoi ! c'est vous ! vous venez déjà pour la soirée ?

DE VILLIERS, *préoccupé.*

La soirée !... oui.

ZOÉ.

Monsieur, vous m'avez rassurée.
Si vous voulez passer au salon...

DE VILLIERS.

Non, merci.

ZOÉ.

Madame y va venir.

DE VILLIERS.

J'attendrai bien ici.

Zoé sort par la droite.

Me voilà seul enfin.

Il se promène avec inquiétude.

Je ne tiens pas en place...
Ah! je n'ose y penser, et tout mon sang se glace.
La pauvre enfant! elle est tranquille, et ne croit pas
Que pour les retrouver j'aurai perdu mes pas.
C'est la fatalité qui s'en sera mêlée!
L'œil et l'oreille au guet, j'ai suivi chaque allée;
On n'avait vu personne, et je n'ai rien appris,
Et la nuit m'a forcé de rentrer à Paris.
Et si, de son côté, Joseph... Ah! je frissonne.

JOSEPH, *entrant.*

Je viens de la maison; je n'ai trouvé personne.

DE VILLIERS, *avec anxiété.*

C'est bon. Quelle nouvelle?

JOSEPH.

Eh bien! j'ai demandé,

J'ai su...

DE VILLIERS, *de même.*

Quoi?

JOSEPH.

Que c'était auprès de Saint-Mandé.

Il s'essuie le front.

DE VILLIERS.

Enfin... mais parle donc, bourreau!

JOSEPH.

Souffrez, de grâce,

Que je respire. Enfin, j'ai retrouvé leur trace.

DE VILLIERS.

Le ciel m'a donc permis au moins de prévenir...

JOSEPH.

Quand je suis arrivé, tout venait de finir.

J'ai pourtant bien couru, monsieur, je vous assure.

DE VILLIERS.

Ciel!

JOSEPH.

Mais rassurez-vous : un rien, une blessure
Très-légère au bras droit : c'est même surprenant...

DE VILLIERS, *vivement.*

Quoi! blessé! Gabriel!

JOSEPH.

Non; c'est le lieutenant,
C'est monsieur Olivier.

DE VILLIERS, *interdit.*

Lui!

JOSEPH.

La terre était grasse,
Et son pied a glissé.

DE VILLIERS, *à part.*

Voici le coup de grâce!

JOSEPH.

Mais cependant...

DE VILLIERS *congédie Joseph, qui sort.*

C'est bon! Va-t'en! Tout est perdu!
Je n'en puis revenir, et je suis confondu.
Ce Gabriel! pour lui la veine est déclarée :
Mon ame à ce coup-là n'était pas préparée;
C'est jouer d'un malheur! il était donc écrit
Que je serais battu, battu par un conscrit!
Cette rencontre encor! c'est là que se dévoile
Ce bonheur insolent qu'il doit à son étoile :
Lui, paisible avocat, enfin, qui le croirait?
Lui qui n'a manié de sa vie un fleuret,
Il faut qu'il ait un duel, et contre un militaire!
J'aurais gagé cent fois avec toute la terre,
Luttant, comme il faisait, contre un homme exercé,
Qu'une blessure au moins m'en eût débarrassé;
Eh bien! non, justement non! c'est l'autre imbécile...
La victoire à ses yeux a paru trop facile;
Il l'aura ménagé, quand un faux pas maudit...
Tant est qu'il est blessé!

SCENE III.

DE VILLIERS, ZOÉ, *debout à la porte à droite; elle
a entendu les derniers mots.*

ZOÉ, *s'avançant précipitamment.*

Blessé !... vous avez dit !
Ils se sont donc battus ? vous m'avez donc trompée ?

DE VILLIERS, *de mauvaise humeur, à part.*

La petite écoutait ! bien !

ZOÉ.

Mais ce coup d'épée,
Monsieur... Ah ! tout mon sang se glace de terreur !
Lequel des deux ?

DE VILLIERS.

Mais, non : vous êtes dans l'erreur.
Je puis vous assurer...

ZOÉ.

Point de supercherie !
J'ai trop bien entendu ! monsieur, je vous en prie,
Lequel des deux ?

DE VILLIERS, *à part.*

Mon Dieu ! comment lui découvrir
Qu'Olivier... son amant...

ZOÉ.

Vous me faites mourir !
Mais que je sache au moins, que je sache, par grâce...

DE VILLIERS, *à part.*

Voyons, il faut pourtant que je m'en débarrasse.

Haut.

Ce n'est pas lui.

ZOÉ.

Qui ? lui !

DE VILLIERS.

C'est l'autre.

ZOÉ, *avec exclamation.*

Gabriel !

DE VILLIERS.

Justement.

ZOÉ, *avec égarement.*

Lui! blessé! tué, peut-être... ô ciel!

Elle s'appuie sur un fauteuil.

DE VILLIERS.

Que vous importe?

A part, en l'examinant.

A moins... ce trouble... je soupçonne...
Ou plutôt je devine.

On sonne à droite.

ZOÉ.

Et madame qui sonne !

DE VILLIERS, *à part.*

Elle m'avait trompé !

ZOÉ, *à part.*

Je perds tout aujourd'hui !
Que je sauve du moins mon secret.

Elle sort par la droite.

DE VILLIERS, *seul.*

C'était lui !

SCÈNE IV.

GABRIEL, DE VILLIERS.

GABRIEL, *arrivant par le fond.*

Ah! vous voilà, monsieur! la rencontre est charmante,
Parbleu!

DE VILLIERS, *d'un air contraint.*

Souffrez, monsieur, que je vous complimente :
Je vois avec plaisir que dans cette maison...

GABRIEL.

Monsieur, ces discours-là ne sont plus de saison.
Croyez-moi, désormais quittez ce ton caustique ;
Nous avons tout appris par votre domestique.
Par malheur, il était trop tard. Ah ! c'est ainsi !
La veuve nous tentait, nous en voulions aussi !
A merveille, monsieur! car, sans qu'il y paraisse,
La ruse était montée avec assez d'adresse...

DE VILLIERS.

Eh bien, oui! puisque enfin c'est vous qui l'emportez,
Monsieur, puisque je suis vaincu de tous côtés,
Pourquoi vous le cacher? Je l'aime cette femme...

GABRIEL.

Vous en convenez donc! c'est heureux, sûr mon ame!

DE VILLIERS, *sans l'écouter.*

Non, comme j'en ai vu, dans l'espoir de trouver
Un patronage sûr, qui serve à m'élever...

GABRIEL.

Qu'est-ce à dire?

DE VILLIERS, *de même.*

   Non pas, comme un autre, par crainte
De voir exécuter quelque bonne contrainte,
Débiteur aux abois, et sommé par huissier,
D'acheter à ce prix l'acquit d'un créancier;
Libre à vous de trouver mon amour ridicule,
Mais ce n'est pas du moins un amour qui spécule,
Car je la voulais pauvre, et j'aurais accepté
Le poids, si lourd qu'il soit, de cette parenté :
L'obstacle est venu d'elle; un scrupule honorable
A pu seul m'interdire un accueil favorable.
Et si je cède, au moins qu'il soit bien entendu,
Que le ciel vous accorde un prix qui m'était dû.

GABRIEL.

Mon Dieu, je ne veux pas vous dire le contraire.
Mais convenez toujours qu'il est bien téméraire
A vous, mon cher monsieur, homme d'un autre temps,
De vous attaquer seul à de tels combattans !
On vous a déjà dit que les gens de votre âge
Sont usés, sont finis...

DE VILLIERS.

   Allez, monsieur, courage!
Allez, accablez-moi : songez-y cependant,
Ce que vous faites là pourrait être imprudent,
La victoire, monsieur, s'est par fois déclarée
Qui semblait plus douteuse et plus désespérée,
Et soyez sûr qu'alors je me croirais aussi
Le droit d'être pour vous sans pitié ni merci!

GABRIEL.

Des menaces encor! l'idée est impayable!
Vous avez, en honneur, un aplomb peu croyable :
Je n'ai pas peur de vous; et c'est moi qui vous tien!
Mais souffrez que je borne ici cet entretien.
Ce duel a fait du bruit; cette femme qui m'aime,
Je dois aller d'abord la rassurer moi-même;
Peut-être on me croit mort, et je vais de ce pas
Chez elle...

Il se dispose à sortir.

DE VILLIERS.

    Allez, monsieur; je ne vous retiens pas :
Je n'ai rien à vous dire, et vous livre passage...

D'un air indifférent.

Quoique peut-être il soit peu prudent et peu sage,
Quand on a cru vos jours compromis un moment,
De tomber chez les gens aussi subitement :
L'émotion... la joie... enfin l'ame saisie...
On ne sait pas : pourtant, à votre fantaisie!
Entrez!

GABRIEL, *à part.*

    Oui! tu voudrais me faire faire ici
Quelque fausse démarche encore... non! merci!
Mais comment annoncer?... parbleu! deux mots de lettre...

Il s'assied et écrit.

DE VILLIERS.

Mon domestique est là qui pourra la remettre.

GABRIEL.

Un domestique à vous! bon! je vous vois venir;
Quelque piége nouveau; je la ferai tenir
Moi-même, s'il vous plaît.

Pendant ce temps, il a écrit et cacheté sa lettre ; il se lève.

    Maintenant, il me semble,
Monsieur, que nous n'avons plus rien à faire ensemble :
Souffrez que je vous quitte; aussi bien j'ai reçu
Une invitation...

DE VILLIERS.

    Je sais.

GABRIEL.

    Vous l'avez su?

Je vais prendre un costume un peu plus présentable.

D'un ton railleur.

J'en conviens avec vous, la veuve est regrettable ;
Peut-être avec le temps nous vous consolerons ;
C'est un pari perdu !

Gabriel sort par le fond.

DE VILLIERS, *à part, en le regardant sortir.*

C'est ce que nous verrons.

SCENE V.

DE VILLIERS, *puis* Mme DE CHAUNY.

DE VILLIERS, *seul, respirant à l'aise, et se jetant dans un fauteuil.*

Ah ! je reviens de loin ! dans ce moment critique
Ma situation devenait dramatique.
La course tournait mal ; un moment j'ai pensé,
Du train dont il allait, que j'étais distancé ;
Mais je respire enfin ! grâce à Dieu, j'ai la corde,
S'il me trouve implacable et sans miséricorde ;
Qu'il n'accuse que lui ; je ne puis sans terreur
Songer qu'il ne tenait à rien...

Mme DE CHAUNY, *arrivant par la droite, une lettre à la main.*

C'est une horreur !

Ah ! c'est vous, mon ami : je suis d'une colère !
Et voici qui demande une peine exemplaire !

DE VILLIERS, *se levant.*

Eh, bon Dieu ! qu'avez-vous ?

Mme DE CHAUNY.

C'est une indignité !

Croyez donc à l'amour, à la sincérité !
Fiez-vous aux grands mots, à ce ciel qu'on atteste !
Autant il m'était cher, autant je le déteste !

DE VILLIERS.

De qui parlez-vous donc ? à ce ton menaçant
On dirait qu'il s'agit...,

Mᵐᵉ DE CHAUNY.

Je vous le donne en cent !
Cet homme dont hier la parole dorée
M'avait si bien émue et toute pénétrée,
Ce monsieur Gabriel que j'allais devant tous
Présenter tout-à-l'heure en qualité d'époux,
C'est lui, pendant ce temps, lui, qui, pour récompense,
Osait... ah ! j'en rougis encore quand j'y pense !
Osait entretenir une autre liaison
Avec une servante, ici, dans ma maison !

DE VILLIERS.

Mais est-ce bien certain ? quelquefois l'apparence,
Vous savez...

Mᵐᵉ DE CHAUNY.

Par malheur, j'en ai trop l'assurance !
Je reçois ce billet : par un coup du destin
Ces lettres que j'avais surprises ce matin
Chez Zoé, se trouvaient encore sur ma table,
Et du premier coup d'œil... ah ! c'est épouvantable !
Vous voyez ! le moyen de douter maintenant,
Quand j'ai de mes deux yeux vu...

DE VILLIERS.

C'est bien étonnant.

Mᵐᵉ DE CHAUNY.

Vous tenteriez en vain de prendre sa défense ;
Car il m'a fait rougir, car il est telle offense
Que mon cœur ne saurait oublier désormais ;
L'amour peut pardonner ; l'amour-propre jamais !

DE VILLIERS.

Alors n'en parlons plus !

Mᵐᵉ DE CHAUNY.

Un cœur comme le nôtre...
Eh ! mais, je réfléchis ! en voici bien d'une autre !
Ce monde... ces parens que je viens d'inviter,
Ma famille où j'allais ce soir le présenter,
Cette solennité que j'avais préparée....

DE VILLIERS.

On peut, à la rigueur, remettre la soirée ;
On invente un prétexte : on a pour ces cas-là...

Mme DE CHAUNY.

Certe!... et si ce n'était encore que cela,
Mon Dieu! je m'en serais bientôt débarrassée;
Mais c'est cette union que j'avais annoncée :
Comment leur expliquer la chose maintenant?

DE VILLIERS.

Je ne vois rien encore ici de bien gênant :
Je crois qu'un choix pour vous, si belle et si parfaite,
Doit être chose aisée et surtout bientôt faite :
Vous n'avez qu'un seul mot à dire; choisissez
Dans tous ces soupirans autour de vous pressés :
Doutez-vous qu'à l'appel chacun d'eux ne se rende?
Craignez-vous d'en manquer quand la foule est si grande?
Un monsieur Agénor... c'est-à-dire, pardon!
Celui-là ne peut pas en être.

Mme DE CHAUNY.

Pourquoi donc?

DE VILLIERS.

Il est en prison.

Mme DE CHAUNY.

Ciel! pour délit politique?

DE VILLIERS.

Non; pour simples raisons d'intérêt domestique;
Quelques lettres de change, une affaire d'huissier...
Je ne dis rien non plus de certain officier,
D'un monsieur Olivier, riche, dit-on, et brave,
Une rencontre, un coup d'épée... oh! très-peu grave;
Il vous en reste tant encor sans ces deux-là!
Et le premier jeune homme...

Mme DE CHAUNY.

Assez!

DE VILLIERS.

Après cela,

Est-il bien de rigueur que ce soit un jeune homme?
La jeunesse a du bon, et je conviens qu'en somme
Plus d'un heureux ménage est là pour témoigner
Qu'un mari de vingt ans n'est pas à dédaigner;
Mais, entre nous, voyons : tout charmant qu'est cet âge,
N'a-t-il pas en retour plus d'un désavantage,
Et ces dons précieux peuvent-ils pas sembler

Tout autant de raisons de craindre et de trembler ?
Prenez un époux jeune : avez-vous l'espérance
De disputer son cœur à tant de concurrence ,
A cet amour banal qui va brûler demain
Pour le premier minois trouvé dans son chemin ?
Comme ce Gabriel !... — Épousez un prodigue :
Pauvre femme, au torrent mettrez-vous une digue ?
Il faut qu'il vous ruine, et qu'un sergent encor
L'envoie, où vous savez, retrouver... Agénor !
— Autre inconvénient : seriez-vous bien flattée
De trouver un époux à l'humeur emportée,
Quelque beau cavalier bouillant et querelleur ,
Pour craindre à chaque instant l'annonce d'un malheur,
Pour user désormais, entre mille souffrances,
Vos nuits dans l'insomnie et vos jours dans les transes,
Jusqu'à ce qu'un matin deux amis en pleurant
Vous rapportent chez vous votre époux expirant,
Frappé... comme Olivier... Et si, pour vous soustraire...

Mme DE CHAUNY.

En effet, ces dangers...

DE VILLIERS.

Supposons, au contraire,
Un homme un peu plus mûr, et dans cette saison
Où les ans n'ont encor vieilli que la raison :
Si cet homme, mettez cela dans la balance,
Depuis plus de deux ans vous aimait en silence ;
Chargé de mille soins pour vous, si le bonheur
Eût fait qu'il s'en tirât peut-être avec honneur ;
S'il vous disait ici : Vous voilà compromise,
L'événement n'admet ni doute ni remise ;
Sans hésiter, sur l'heure, il vous faut un époux :
Je vous aime, voici ma main, la voulez-vous ?

Mme DE CHAUNY.

Quoi, monsieur de Villiers, c'est vous !...

DE VILLIERS.

Oh ! je n'ai garde
Quand je vous vois si belle... et quand je me regarde,
De croire...

Mme DE CHAUNY.

Vous ! j'en suis toute étourdie... Eh quoi !

Cet homme dont hier vous parliez...,
DE VILLIERS.

C'était moi,

J'ai craint de me nommer ; à mon âge on calcule ;
Et l'amour est chez nous si près du ridicule,
Qu'on hésite long-temps avant de s'embarquer
Dans un aveu toujours difficile à risquer :
D'ailleurs, me déclarer, dites, était-ce sage ?
Quand ces trois étourdis me barraient le passage ?
Car, pourquoi le nier ? tous trois voulaient de vous,
Et moi j'ai dû lutter, lutter seul contre tous :
L'issue a, Dieu merci, passé mes espérances,
Je ne vous parle pas de toutes ces souffrances,
De ces tourmens sans nom, et qu'on n'ose avouer,
De cet horrible jeu qu'il m'a fallu jouer :
Vous me direz plus tard ce qu'il faut que j'espère.
Mais je vous parle ici comme ferait un père,
Ce qu'il vous faut n'est pas un amour de vingt ans,
Mais une amitié sûre, à l'épreuve du temps,
Un cœur intelligent, mûri par la science
Des choses de la vie et de l'expérience,
Et qui vous donne, au lieu d'un feu de quelques jours,
Ce dévoûment solide et qu'on trouve toujours !

Mᵐᵉ DE CHAUNY.

Quels sentimens en moi vos paroles font naître !
Et j'ai pu m'y tromper ! et j'ai pu méconnaître
Ce dévoûment si noble, et ce que, dans le fond,
Ce cœur cachait d'amour sérieux et profond !
Pourtant je me sentais, faut-il que je le nie ?
Une amitié pour vous, vague et mal définie...

Après un moment de silence.

Ce salon, où, parmi tant de regards jaloux,
Je ne puis plus entrer qu'au bras de mon époux,
En vain j'hésiterais, il faut que j'y paraisse,
Et puisque l'on m'attend, puisque l'heure me presse,
Abrégeons un retard qui doit sembler bien long ;
Votre main...

DE VILLIERS, *avec anxiété*.

Où faut-il vous conduire ?

Mme DE CHAUNY.

Au salon.

DE VILLIERS, *lui baisant la main.*

Madame!

SCÈNE VI.

LES MÊMES, GABRIEL, *en grande toilette, au fond.*

GABRIEL *.

Qu'ai-je vu?.. je ne sais si je veille !

DE VILLIERS.

Touchez là, mon ami ; vous venez à merveille
Pour savoir le premier, c'est bien flatteur pour vous,
Que c'est moi que madame a choisi pour époux.

Mme DE CHAUNY.

Oui, j'épouse monsieur, que j'aime et que j'estime!

GABRIEL.

De quelque trahison, certes, je suis victime !
De grâce, apprenez-moi quel coup inattendu...

Mme DE CHAUNY.

Zoé vous l'apprendra.

GABRIEL, *à part.*

Zoé ! je suis perdu !

SCÈNE VII.

LES MÊMES, AGÉNOR, OLIVIER, *la main droite enveloppée d'une cravate de soie noire, entrant par le fond **.*

DE VILLIERS.

Eh ! voilà ces messieurs! grâce à quel phénomène...
Je vous croyais si loin ! quel bon vent vous ramène ?

AGÉNOR.

Oui, riez, c'est joli, vous avez bien raison :
C'est donc spirituel, mettre un homme en prison !
Mais mon oncle...

* Gabriel, de Villiers, Mme de Chauny.
** Agénor, Olivier, Gabriel, de Villiers, Mme de Chauny.

DE VILLIERS.
J'entends.

À Olivier.

Vous, sur votre blessure
Votre présence ici, grâce à Dieu, me rassure.
Et puisque vous voilà tous libres et dispos,
D'honneur, vous ne pouviez venir plus à propos.

OLIVIER.

Monsieur a conservé toujours l'humeur plaisante !

Mme DE CHAUNY.

Il ne plaisante pas : Messieurs, je vous présente
Mon mari.

OLIVIER et AGÉNOR.

Quoi, c'est lui ?

Mme DE CHAUNY.

Vous saurez mes raisons,

DE VILLIERS, aux trois jeunes gens.

Eh bien, mes chers enfans, qu'est-ce que nous disons ?
Vous m'aviez provoqué ; je crois, sans modestie,
Que je n'ai pas trop mal défendu la partie :
J'avais à vous payer ce petit air moqueur
Et tous vos traits malins qui me tenaient au cœur :
A vos lazzis mordans j'ai servi de pâture ;
Vous m'avez appelé cours de littérature,
Vous, là-bas !... étourdis ! dont l'amour imprudent
Me vient, une heure après, choisir pour confident,
Moi, votre rival, moi qui soudain vous envoie
Chacun de son côté pour m'aplanir la voie,
Et, l'ouvrage achevé, vous ai tous, sans merci,
Brisés l'un après l'autre et l'un par l'autre aussi.
Ah ! vous êtes au bout de vos traits de satire !
La guerre ! disiez-vous : vous voyez qu'on s'en tire ;
Vous êtes satisfaits, j'imagine... pourtant,
S'il en est un de vous qui ne soit pas content...

AGÉNOR.

Si fait ; je suis battu, je dois le reconnaître !

GABRIEL.

C'est bien joué, monsieur, je vous tiens pour mon maître.

OLIVIER.

Monsieur, vous nous avez fort durement menés ;

N'importe, à vous l'honneur !

DE VILLIERS.

Ah ! vous en convenez !
Voici qui me désarme et qui nous raccommode ;
Je suis bon diable au fond, et ce n'est point ma mode
D'accabler des rivaux au point où nous voilà ;
L'Empire n'avait pas ces habitudes-là ;
Puis, j'aime la jeunesse : ardeur, intelligence,
Il ne lui manque rien, qu'un peu plus d'indulgence ;
Et pour commencer, là, sans rancune, la main,
Et venez sans façon dîner chez moi demain.

AGÉNOR.

Ah ! du moment qu'on dîne, alors il faut se rendre...
Va pour la paix !

Mme DE CHAUNY, *emmenant de Villiers au coin du théâtre,*
à demi-voix, en souriant.

Et moi je commence à comprendre :
J'entrevois le secret qu'on voulait me cacher,
Vous étiez les coureurs... et j'étais le clocher.

FIN.